Lecionando
FILOSOFIA PARA
ADOLESCENTES

Dados Internacionais de Catalogação na Publicação (CIP)
(Câmara Brasileira do Livro, SP, Brasil)

Velloso, Renato
  Lecionando Filosofia para adolescentes : práticas pedagógicas para o Ensino Médio / Renato Velloso. – 2. ed. revista e ampliada Petrópolis, RJ : Vozes, 2015.

  2ª reimpressão, 2022.

  ISBN 978-85-326-4289-9
  1. Adolescentes e Filosofia 2. Filosofia – Estudo e ensino I. Título.

11-12799 CDD-108.35

Índices para catálogo sistemático:
  1. Filosofia para adolescentes : Estudo e ensino
108.35

Renato Velloso

Lecionando FILOSOFIA PARA ADOLESCENTES

Práticas pedagógicas para o Ensino Médio

Petrópolis

© 2012, Editora Vozes Ltda.
Rua Frei Luís, 100
25689-900 Petrópolis, RJ
www.vozes.com.br
Brasil

Todos os direitos reservados. Nenhuma parte desta obra poderá ser reproduzida ou transmitida por qualquer forma e/ou quaisquer meios (eletrônico ou mecânico, incluindo fotocópia e gravação) ou arquivada em qualquer sistema ou banco de dados sem permissão escrita da editora.

CONSELHO EDITORIAL

Diretor
Gilberto Gonçalves Garcia

Editores
Aline dos Santos Carneiro
Edrian Josué Pasini
Marilac Loraine Oleniki
Welder Lancieri Marchini

Conselheiros
Francisco Morás
Ludovico Garmus
Teobaldo Heidemann
Volney J. Berkenbrock

Secretário executivo
Leonardo A.R.T. dos Santos

Editoração: Fernando Sergio Olivetti da Rocha
Diagramação: Sheilandre Desenv. Gráfico
Revisora pedagógica: Edsandra de Souza Vale
Capa – ilustração e artefinalização: Studio Graph-it

ISBN 978-85-326-4289-9

Filósofos da capa, em cima, da esquerda para a direita: Friedrich Nietzsche, Santo Agostinho e Aristóteles. *Embaixo, da esquerda para a direita*: Jean-Jacques Rousseau, René Descartes, Karl Max, Nicolau Maquiavel e Voltaire.

Este livro foi composto e impresso pela Editora Vozes Ltda.

*Dedico esta obra à minha amada esposa e pedagoga preferida, **Edsandra**, que realizou a revisão pedagógica e me apoiou nesta longa tarefa.*

*Também dedico esta obra à minha amada filha, recém-nascida, cujo nome honrei a sabedoria: **Sofia**.*

*Agradeço à **Filosofia** por me ter enveredado pelo caminho da vida com sabedoria e da felicidade.*

Sumário

Lista de tabelas, 9

Introdução, 11

Capítulo 1: A IMPORTÂNCIA DA FILOSOFIA, 15

    1.1 A metodologia filosófica, 21

Capítulo 2: O PERFIL DO ALUNO ADOLESCENTE, 25

Capítulo 3: O PLANEJAMENTO DE ENSINO EM FILOSOFIA, 31

Capítulo 4: MÉTODOS OU MODOS PARA ENSINAR FILOSOFIA, 41

    4.1 Trabalhando com História da Filosofia, 45

    4.2 Trabalhando com Áreas da Filosofia, 54

    4.3 Trabalhando com os Filósofos e suas obras, 64

    4.4 Trabalhando com Temas ou Questões de Filosofia, 74

Capítulo 5. ATIVIDADES DIDÁTICAS PARA O ENSINO DE FILOSOFIA, 85

    5.1 Considerações sobre as atividades didáticas, 90

    5.2 Elaborando projetos pedagógicos em Filosofia, 98

Capítulo 6: A AVALIAÇÃO EM FILOSOFIA, 105

    6.1 Considerações sobre as avaliações, 110

    6.2 Outras considerações sobre a avaliação docente, 120

Capítulo 7: A RELAÇÃO COM A COMUNIDADE ESCOLAR, 125

    7.1 A relação com as equipes administrativa, pedagógica e pais, 126

    7.2 A relação com os alunos, 131

    7.3 A relação consigo mesmo: vida pessoal e profissional, 137

Conclusão, 141

Referências, 145

Apêndice, 149

    1. Sugestões de filmes, 149

    2. Sugestões de letras de músicas, 151

    3. Principais organizações de Filosofia no Brasil, 151

    4. Principais filósofos e suas principais obras, 152

    6. Exercícios do método História da Filosofia, 156

    7. Exercícios do método Áreas da Filosofia, 171

    8. Exercícios do método Filósofos e suas obras, 188

    9. Exercícios do método Temas ou Questões de Filosofia, 207

    10. Gabarito geral, 226

Lista de tabelas

1. Planejamento de Ensino Anual do Método História da Filosofia, 46

2. Planejamento de Ensino Anual do Método Áreas da Filosofia, 56

3. Planejamento de Ensino Anual do Método Filósofos e suas Obras, 66

4. Planejamento de Ensino Anual do Método Temas/Questões de Filosofia, 76

5. Atividades didáticas, 87

6. Critérios de pesquisas escolares, 96

7. Modelo de Projeto Pedagógico Interdisciplinar, 102

8. Avaliação em Filosofia, 108

9. Autoavaliação docente, 123

10. Autoavaliação em relação à comunidade escolar, 139

Introdução

Todo ano era a mesma coisa. Primeiro ano do Ensino Médio. Primeiro dia. No quadro, escrevia a data, o nome do professor e o nome da disciplina: "Filosofia". Os alunos, adolescentes em sua maioria, nem sabiam o que era "isso", mas já odiavam a tal matéria. Já tenho decorado as suas palavras no primeiro dia de aula: "Prof.", essa matéria reprova?" "Hiii, deve ser superchata!"

Com o passar dos bimestres, tudo ia ficando diferente. Debates, letras de música, filmes, textos filosóficos interessantes, temas diversos, muitas questões pessoais sendo resolvidas e... finalmente as aulas iam ficando cada vez mais atraentes. Tão envolventes, que mal acabava o último bimestre e a maioria dos alunos já me perguntava:

– Professor, teremos Filosofia no ano que vem?

– Não. Porque não está no currículo. É só no primeiro ano - respondia-lhes.

– Isto é um absurdo! Uma matéria tão importante! - replicavam.

Essa situação se arrastou durante muitos anos, até que, em 2008, a Lei 11.684 alterou o artigo 36 da Lei de Diretrizes e Bases da Educação (LDB), estabelecendo a obrigatoriedade do ensino de Filosofia e Sociologia para todo o Ensino Médio, em qualquer modalidade. O problema parecia estar resolvido, não fosse a insuficiência de filósofos e sociólogos para lecionar nesta fase escolar. Ora, a razão é simples: se estas matérias não eram oferecidas em todas as séries do Ensino Médio, como haveria profissionais para lecioná-las? Melhor dizendo: se a disciplina é pouco ofertada, como os estudantes, ao final do ensino básico, se interessariam por essa carreira e, por tabela, como teríamos – suficientemente – professores de Filosofia? E isso me incomodava constantemente.

O problema não parava por aí. Visitando sebos e livrarias, observava que havia poucos livros de Filosofia para o Ensino Médio (seja para o aluno como para o professor). Ademais, alguns deles, diga-se de passagem, são inadequados. Então resolvi escrever. Houve um ímpeto imenso para escrever este livro. Não dava mais só para ler e lecionar. Mais de dez anos ensinando Filosofia para adolescentes, no Ensino Médio, tornou-me sensível para compartilhar toda a minha prática com outros colegas, principalmente aos iniciantes, que se veem perdidos em sala de aula.

Nesta obra trago para os colegas de Filosofia (sejam graduados, especialistas, mestres ou doutores) um pouco da minha experiência como professor de uma disciplina considerada pelo senso comum – paradoxalmente – como a mais nobre e a mais tediosa do currículo. Nas palavras dos adolescentes: a mais "chocante" ou a mais "chata" das matérias.

Este livro não é mais uma Teoria Filosófica, nem mais uma obra em Filosofia da Educação. Como diz o título, são "práticas pedagógicas" nascidas da vivência de um filósofo no ensino de Filosofia para adolescentes no Ensino Médio. Trata-se de uma efetiva contribuição de um profissional que galgou o degrau da pós-graduação *strictu sensu*, e saiu a campo a fim de lecionar para a faixa etária – sem exageros – mais difícil da pessoa humana; lecionando, tanto para escolas privadas quanto para públicas, inclusive para jovens das "comunidades" cariocas.

Pois bem, essa é a riqueza desta obra. Nos escritos que se seguem, você, professor, terá toda ajuda necessária para obter êxito em suas aulas. Seja iniciante ou experiente, o profissional encontrará métodos, planejamentos, recursos, recomendações e até exercícios objetivos para tentar fazer com que o adolescente tenha "amor ao saber".

Antes, é preciso registrar uma coisa: lembre-se de que não há mágica para lecionar para adolescentes, mas muito trabalho. No início será difícil, todavia, uma vez conquistados, os adolescentes passam a "adorar" a Filosofia. Aliás, vale mencionar que, embora o foco desta obra seja filosófico, algumas atividades podem ser aproveitadas para outras disciplinas, principalmente da área humana, como História, Sociologia e Pedagogia.

Espero que esses ensinamentos, melhor dizendo, essas práticas pedagógicas possam tornar suas aulas de Filosofia apaixonantes, assim como deixou-me apaixonado quando ainda estava no Ensino Médio. Hegel dizia que o filósofo é fruto do seu tempo. A LDB já nos favorece, o Conselho Nacional de Educação também. Assim, essa é a hora de você, professor, oportunizar a nossos jovens esse caminho vasto, rico e compensador, tornando suas vidas – como futuros adultos e cidadãos – mais felizes.

I
A importância da Filosofia

Já estou cheio de me sentir vazio.
Renato Russo

Como carioca e brasileiro, não é difícil perceber que vivemos num país em que nossos adolescentes estão sem rumo. Aliás, muitos pais estão desesperados porque não sabem orientar seus filhos. E, pior, jogam essa responsabilidade para a escola. Ora, a escola faz a sua parte, ela instrui nossas crianças e adolescentes. Porém, não pode realizar a função que é exclusiva dos pais: educar os seus próprios filhos. "Educar" aqui não se refere à "instrução", mas à educação familiar, ao ensino de bons valores, de bons hábitos. E isso cabe exclusivamente à família. A escola até complementa, todavia, não é seu papel.

Há quem diga que a família está falida, que ela não sabe mais orientar. E por quê? Bem, os especialistas em educação sabem os porquês. São tantas questões envolvidas que não caberiam aqui neste livro. Aliás, não é este o propósito desta obra. Contudo, de uma coisa eu tenho certeza: a Filosofia é muito eficiente para a formação da cidadania de nossos jovens. Os anos de experiência nos ensinos Fundamental e Médio me trouxeram essa convicção.

Mas, infelizmente, essa não é a opinião do **senso comum**, que é a mentalidade da maioria, principalmente da classe popular, de onde crescem nossos adolescentes. Segundo este tipo de conhecimento, a Filosofia é vista sob dois prismas: por um lado, "é uma disciplina muito nobre" e, por outro lado, "é uma disciplina inútil". Nobre, porque cultiva o amor, a sabedoria, e inútil porque não serve para nada. É um paradoxo inacreditável. Cabe aos filósofos brasileiros reverter essa mentalidade.

Chega a ser cômico como a Filosofia é pensada no imaginário escolar: "Pra que serve a Filosofia? Ela cai no vestibular?" Ora, ninguém questiona a finalidade da Física ou da Química para o cotidiano, no entanto, todos a estudam! Por quê? Simplesmente porque já estão incorporadas ao cotidiano escolar. E ambas são obrigatórias em todas as redes e modalidades de ensino. E já que estou falando de utilidade, todos nós sabemos que há certos conteúdos (nestas e noutras disciplinas) que jamais serão utilizados na vida desses alunos. Por exemplo, qual conteúdo um adolescente irá utilizar mais, futuramente: a Tabela Periódica ou os Princípios Éticos? O que tem mais utilidade no seu cotidiano: a Trigonometria, a Análise Sintática ou a reflexão filosófica? Será que determinadas disciplinas são mais importantes só porque "caem no vestibular"?

Não quero dizer aqui que tais matérias deveriam ser abolidas do currículo. Jamais. Mas que não se privilegie umas matérias em detrimento de outras. E é exatamente isso que ocorre com a Filosofia (e a Sociologia) nas escolas, e até nas universidades. Da mesma forma que há conteúdos dispensáveis em Filosofia, há conteúdos dispensáveis em Química, História, Matemática, Língua Portuguesa etc. O ideal é que o professor saiba – com bom senso – selecionar os melhores conteúdos a serem abordados.

E há quem argumente que se pode dispensar o ensino de Filosofia do currículo, simplesmente porque faltam professores. Ora, isso não é argumento, pois sabemos que há centenas de escolas de Ensino Médio, em todo país, que apresentam uma enorme carência de profissionais também em outras disciplinas, principalmente de Física, Química e Matemática. Sendo assim, será que é razoável dispensar tais disciplinas do currículo?

Todos os educadores sabem da importância do ensino de Filosofia para nossos adolescentes. Eles precisam de uma orientação. Aliás, para formarmos cidadãos críticos e participativos, como recomendam os Parâmetros Curriculares Nacionais (PCN) em diversos trechos, a Filosofia é a disciplina mais adequada. Este documento governamental dedica um capítulo para os "Conhecimentos de Filosofia" (Parte IV) e destina um papel primordial para a Filosofia no Ensino Médio. Isso fica mais claro quando se enfoca a **interdisciplinaridade** (PCN, 1999: 329). O conceito interdisciplinar passou a apontar a necessidade de se **ir além de uma prática científica meramente disciplinar**, buscar as conexões existentes entre todos os saberes e tentar abrir os **canais de diálogo entre todas as comunidades especializadas**. Nesse sentido, **a Filosofia é transdisciplinar**, como diz o PCN:

> Possuindo uma natureza transdisciplinar, a Filosofia pode cooperar decisivamente no trabalho de articulação dos diversos sistemas teóricos e conceptuais curriculares, quer seja oferecida como disciplina específica, quer, quando for o caso, esteja inserida no currículo escolar sob a forma de atividades, projetos, programas de estudo (p. 341).

Esse caráter interdisciplinar e formativo da Filosofia já era reconhecido pela LDB através da antiga redação do artigo 36 cuja norma mencionava no seu § 1º: "os conteúdos, as metodologias e as formas de avaliação serão organizados de tal forma que ao final do Ensino Médio o educando demonstre [...] inciso III: domínio dos conhecimentos de Filosofia e Sociologia necessários ao exercício da cidadania".

Podemos dizer que essa foi uma boa tentativa do legislador se não fosse a ineficácia da norma. Todos nós sabemos que toda lei deve ser clara e eficaz no seu mandamento, pois, do contrário, não será obedecida. A lei era "bonita e interessante" nas suas palavras. Todavia, não respondia a algumas questões de organização, a saber: Em quais séries será lecionada a Filosofia? E em quantos tempos de aula? Temos profissionais qualificados suficientes?

Estas eram as questões até então. Existia a norma, mas não havia regulamentação da mesma. Outrossim, como podemos ver, tais disciplinas deveriam existir, porém, pela antiga redação, não eram obrigatórias. Logo, o seu cumprimento era desnecessário. Assim, as escolas a interpretavam como "recomendação". A mudança só ocorreu em 2008, com a publicação da Lei 11.684, cuja norma deu nova redação ao artigo 36, que diz o seguinte: "O currículo do Ensino Médio observará o disposto na seção I deste capítulo e as seguintes diretrizes: [...] **IV - serão incluídas a Filosofia e Sociologia como disciplinas obrigatórias em todas as séries do Ensino Médio**" (grifo nosso).

Desta forma, todos os colégios de todo país, seja particular ou público, deve incluir tais disciplinas no seu currículo. Hoje, a Filosofia (e a Sociologia) é matéria constante do currículo básico do 1º, 2º e 3º anos do Ensino Médio, qualquer que seja a modalidade desta etapa (técnico, formação geral, magistério e ensino de jovens e adultos). Isso demonstra um grande avanço na mentalidade dos conselheiros de educação e legisladores de nosso país.

Decerto que os sistemas de ensino que oferecem Ensino Médio estão se adaptando às novas mudanças. Como toda mudança, demanda tempo, recursos, paciência e - principalmente - trabalho. Sei que atender a exigência da lei não será fácil, haja vista que um dos maiores problemas enfrentados pelos sistemas de ensino é a carência de profissionais qualificados para o ensino de Filosofia. O Parecer 15/98 da Câmara de Educação Básica da CEB diz o seguinte: "É oportuno recomendar expressamente que não se pode de nenhum modo dispensar a presença de um profissional da área" (PCN, 1999: 342). Como podemos ver, o profissional de Filosofia é indispensável nas atividades que demandam o seu ofício. Todavia, é do conhecimento de todos que as instituições de educação não têm como atender a demanda, simplesmente porque não há profissionais suficientes para tal.

A causa desse problema, que eu chamo de "ciclo vicioso", teve seu início na Ditadura Militar (1964-1985), quando a Filosofia foi considerada uma disciplina "subversiva", tanto no nível secundário quanto no superior. Na época, as instituições foram desestimuladas ao seu ensino (quando não proibidas), e assim não se ensinava Filosofia (e nem Sociologia) no antigo Segundo Grau (as disciplinas eram Educação Moral e Cívica - EMC - e

Organização Social e Política do Brasil – OSPB); e, deste modo, não havia interesse de estudantes secundaristas para ingressar nos cursos de Filosofia (no nível superior); e, por conseguinte, não havia a formação de filósofos ou professores de Filosofia para lecionar no Segundo Grau (hoje Ensino Médio); e, consequentemente, recomeçava o ciclo. Mais de duas décadas desse ciclo vicioso fez a Filosofia cair no esquecimento.

Hoje, reconhecem que **ela é – verdadeiramente – a mãe de todas as ciências**. Os problemas do mundo contemporâneo estão fazendo ressurgir um dos mais antigos conhecimentos. Devido à violência, a falta de educação familiar, além de outras razões, os governantes já estão entendendo que a Filosofia é imprescindível, isto é, ela é mais "útil" do que se imagina. A Filosofia existe há milênios. Ela consiste na amizade ao saber. É o próprio amor à sabedoria. E essa sabedoria pode e deve ser compartilhada por muitos, por milhões de pessoas.

A Filosofia serve para crianças e adultos. Ela serve – voltando-me para o propósito deste livro – para educar os nossos adolescentes. Devemos, aliás, aproveitar a **curiosidade** – tão peculiar a nossos jovens – como uma ponte para o filosofar, levando-lhes assim a refletir sobre a realidade, por meio de frequentes questionamentos, a saber: "Como?" "Por quê?" "Será mesmo?" Ora, quando o adolescente se pergunta sobre sexo, drogas, namoro, família e outros assuntos pertinentes ao seu interesse, posso dizer que ele já está filosofando! E que bom que, muitas vezes, não chega a nenhuma conclusão, pelo menos imediatamente, pois é justamente a indagação ou a curiosidade que move o homem. Numa determinada classe, no primeiro dia de aula, quando eu perguntei à turma o que entendiam por "Filosofia", certo aluno, com ar irônico, declarou:

– A Filosofia não conclui nada, só dá problemas!

– Parabéns, então você sabe o que a Filosofia estuda! – respondi-lhe.

A ideia é que o aluno possa pensar por si mesmo. E que possa respeitar o pensamento do outro. Muitas vezes, ouvindo o outro e confrontando opiniões, ele reflete sobre a sua situação. Isso significa continuação, ampliação ou mudança de opinião. A maravilha da atividade filosófica em sala de aula está aí. O aluno pode interrogar, debater, analisar, criticar, dissertar, enfim, filosofar. Afinal, no contexto escolar, ele torna-se um iniciado, um aprendiz de filósofo. Mas essa aprendizagem, com certeza, irá para além dos muros escolares, pois o aluno vai refletir sobre o seu cotidiano, indo desde uma apreciação de uma letra de música até a contemplação de uma obra de arte. Esse é outro propósito desta obra, estabelecer uma estreita ligação entre o que aprendeu em sala de aula e a sua realidade cotidiana; e também da possibilidade de aplicar este conhecimento em outras situações, não se restringindo apenas ao seu ambiente.

E quanto ao filósofo? Como o imaginário popular o pensa? Para o senso comum, o filósofo é um "cara estilo *nerd* ou louco", que fica estudando o dia todo! Celibatários, também, pois se dedica tanto à Filosofia que esquece de casar e ter filhos. E, por não aceitar facilmente a opinião dos outros, sempre travando debates e contestações, ele é tido como "um cara chato e sisudo". Ora, são tantos os estereótipos... Devemos mostrar aos adolescentes que o filósofo é um homem comum, mas que pensa diferente das demais pessoas por não aceitar as coisas pelas aparências – tal como dizia Platão. E essa sua curiosidade é fruto de seu estudo constante, de sua dedicação, na tentativa de compreender a si próprio e a realidade. Essa é a ideia que deve ser reforçada. Não a ideia consolidada de que "de filósofo e louco todos nós temos um pouco". Por outro lado, há anos é repassada uma imagem à população de que a Filosofia é talvez uma "sociedade secreta", onde poucos sábios têm o privilégio de serem convidados a praticá-la. Essa imagem é reforçada pela ausência de filósofos na mídia (na TV, nos jornais, nas rádios etc.). Basta observar que quase não se veem filósofos nos debates, entrevistas ou encontros fora da vida acadêmica. O fato é que, fora algumas exceções, muitos pensadores brasileiros estão fechados em seus gabinetes acadêmicos ou restritos a suas aulas universitárias, distantes das pessoas comuns. Ora, se nossa classe não reverter essa mentalidade, milhões de adolescentes brasileiros continuarão sem saber – e quiçá jamais saberão – o que é Filosofia!

Os problemas do mundo contemporâneo estão aí, diante de nós, para serem resolvidos. E nossos jovens precisam de orientação para a vida. Nesses quinze anos lecionando para jovens, vejo que o povo está sedento de orientação. Eles buscam respostas, tentam resolver suas angústias existenciais; todavia, como não as encontram, acham-nas na astrologia, nas crendices e até nos boatos do senso comum. Por isso, não tenho dúvidas de que a Filosofia poderia solucionar (ou dar alternativas) para muitas questões, desde as mais comuns até as mais problemáticas. Há mais de dois mil e quinhentos anos esse é o trabalho da Filosofia. Questionar a realidade, entendê-la e tentar transformá-la. A história nos mostra que o mundo dos homens foi construído a partir das grandes ideias. Esse foi o motor que fez com que a Filosofia sobrevivesse pelos séculos afora. Eis aí a relevância dessa disciplina para a vida desses jovens, futuros cidadãos brasileiros.

Por essa razão, eu defendo uma **popularização da Filosofia**. Não quero dizer com isso que a Filosofia deva perder a sua aura, o seu nobre valor (parodiando aqui o pensamento de Walter Benjamim). Apenas desejo que ela seja acessível a todos. E o momento é agora. Nós, filósofos, temos o apoio do Conselho Nacional de Educação (CNE), embasado por todos os documentos pertinentes à Educação. Falta o empenho dos professores de Filosofia. Falta ação. E essa ação deve ser trabalhada, sobretudo nas escolas secundárias. É de lá que surgirão nossos colegas de disciplina. É do Ensino Médio que surgirá os formadores de cidadãos. Sim, temos uma tarefa trabalhosa pela frente, todavia, se cada um fizer a sua parte, lograremos êxito.

1.1 A metodologia filosófica

Quando estudamos História, entendemos – sumariamente – que o objeto desta ciência é o fato ocorrido no tempo passado (que explica o presente) e que sua metodologia se utiliza da historiografia para entender estes fatos. Quando estudamos Matemática, entendemos que o objeto desta ciência são os números e que sua metodologia utiliza-se basicamente de cálculos. No entanto, quando se trata da Filosofia, esse objeto de estudo parece não estar bem claro, principalmente para os profissionais inexperientes no ensino de Filosofia. Uma das principais indagações destes profissionais é: "Afinal, como é a metodologia do ensino de Filosofia?"

Cada ciência tem sua especificidade, mas a metodologia filosófica tem uma peculiaridade que a diferencia das demais. Na verdade, como já disse anteriormente, a Filosofia não é uma ciência, ela é um conjunto de conhecimentos que gerou e fundou todos os demais. A Filosofia é o próprio conhecimento, e – sem exageros – é a própria Sabedoria. Por isso que ela estuda sobre tudo: o ser humano, a natureza, a ciência, a cultura, a religião, a vida, o mundo, enfim, toda a realidade. É por essa razão que ela é diferente das demais. Ela não se concentra sob um determinado objeto de estudo, mas expande sua investigação sobre todos os campos do saber. Sua metodologia é o próprio questionamento da realidade, ou seja, a própria busca pelo saber, suscitada por toda a humanidade, desde a Grécia Antiga até os dias contemporâneos. Isto não significa que o professor de Filosofia deve adentrar em conteúdos das demais disciplinas. O que quero dizer é que a metodologia filosófica é simultaneamente específica e abrangente. Específica, porque tem um modo próprio de trabalhar seu objeto de estudo: o amor ao saber, à sabedoria. E abrangente porque, através do amor ou da sede de saber, abarca, ou melhor, atravessa todos os conhecimentos de uma maneira ou de outra.

Nesse contexto, a metodologia filosófica apresenta competências que lhes são exclusivas, eis então:

a) Curiosidade: vontade de saber "o como" e "o porquê" de tudo.

b) Investigação: pesquisar sobre a origem e desenvolvimento das coisas.

c) Análise: querer observar, examinar e avaliar toda a realidade.

d) Crítica: refletir, debater e ajuizar opiniões sobre os fatos ou coisas.

e) Sistematização: fundamentar e organizar seu pensamento, palavras e ações.

f) Transformação: mudança de atitudes e hábitos, quer individuais ou sociais.

A Filosofia proporciona, paradoxalmente, uma visão profunda e panorâmica do conhecimento. E este deve ser o papel do professor de Filosofia, ou melhor, do "filósofo-educador". O professor de Filosofia, seja no Ensino Médio ou no Ensino Superior, deve fazer com que seus alunos captem esse espírito filosófico tal como uma pessoa sábia, que não se contenta com explicações superficiais sobre as coisas.

Nesse sentido, o programa filosófico deve se diferenciar das demais matérias, deve sair do comum, pois a Filosofia tem um caráter formativo. Ela não pode se ater a transmitir os conteúdos, mas desejar e formalizar a transformação dos nossos alunos. Estes – vale lembrar – estão na adolescência e, portanto, necessitam de orientação sobre as coisas da vida. No currículo do Ensino Médio, a Filosofia, como fundadora de todas as ciências, não será apenas mais uma matéria, mas a ponte para todas as outras!

Oportunamente, convém recordar que o PCN traz no seu texto as habilidades e competências mínimas a serem desenvolvidas pela Filosofia no Ensino Médio (1999: 349). Abaixo, transcrevo as principais orientações deste documento:

1) Representação e comunicação:

- Ler textos filosóficos de modo significativo.
- Ler, de modo filosófico, textos de diferentes estruturas e registros.
- Elaborar, por escrito, o que foi apropriado de modo reflexivo.
- Debater, tomando uma posição, defendendo-a argumentativamente e mudando de posição em face de argumentos mais consistentes.

2) Investigação e compreensão:

• Articular conhecimentos filosóficos e diferentes conteúdos e modos discursivos nas ciências naturais e humanas, nas artes e em outras produções culturais.

3) Contextualização sociocultural:

• Contextualizar conhecimentos filosóficos, tanto no plano de sua origem específica quanto em outros planos: pessoal-biográfico; o entorno sociopolítico, histórico e cultural; o horizonte da sociedade científico-tecnológica.

2
O perfil do aluno adolescente

> *O sonho de todo verdadeiro educador é*
> *atingir o coração do educando.*
> Irene Carvalho

Quem é o adolescente? Há duas respostas dicotômicas pelas quais se define esta pessoa. Por um lado, posso dizer que o adolescente "é a criança que cresceu". Por outro, posso dizer que é um adulto em potencial. "Adolescer" significa entrar na adolescência, crescer, desenvolver-se. É o período da vida humana entre a puberdade e a virilidade, é a fase da mocidade, da juventude. A ex-criança, agora, adentra num novo mundo, uma transição entre a infância e o mundo dos adultos.

A maioria dos autores declara que, **biologicamente**, a adolescência vai dos 13 anos (completos) aos 21 anos (incompletos). **Juridicamente**, isto é, de acordo com o nosso Estatuto da Criança e do Adolescente, vai dos 12 anos (completos) aos 18 anos (incompletos). A despeito dos limites estabelecidos por ambas as áreas, o mais importante é destacar que a adolescência é uma fase pela qual o ser humano passa por grandes transformações em sua vida – e que deixarão marcas profundas – a saber: física, psicológica (emocional), social e até existencial (filosófica).

A primeira grande transformação é a físico-corporal. Esta pessoa antes era uma criança; agora se encontra num corpo em intensa mudança, provocada pela atividade dos hormônios. O corpo cresce espantosamente em comparação à fase anterior e, simultaneamente, há o crescimento de pelos, mormente na região pélvica. Essa transformação é notada principalmente nos rapazes. Nas meninas, por volta dos 12 anos, o marco é a ocorrência da primeira menstruação (também chamada de menarca). E, por volta dos 12 anos, os meninos começam a produzir espermatozoides. Essa é a principal transformação, cuja fase os especialistas denominam de "puberdade". É a partir da puberdade que o ser humano já é capaz de reproduzir-se.

A transformação física vem acompanhada de uma mudança não menos importante, que é a psicológica ou emocional. O corpo, agora em intenso processo de desenvolvimento, desperta no adolescente novas sensações e comportamentos, até então incompatíveis com o modelo infantil. Novas aspirações, interesses, curiosidades e angústias vão gerar no adolescente sentimentos que o tornarão confuso nessa fase intermediária entre a infância e o mundo adulto. São, para ele, sensações desconhecidas. Ao mesmo tempo e, contraditoriamente, apresenta as seguintes reações: é afetivo, mas rebelde; prestativo, mas intransigente; extrovertido, mas triste; capaz de pensamento abstrato, mas pueril nas mínimas coisas. Todas estas atitudes (ou omissões) fazem parte de sua fase de imaturidade. Aliás, quem não passou por isso? Quem já não teve a sensação de se sentir vazio ou incompreendido? Ou, opostamente, quem já não teve aquela vontade de chamar a atenção dos que o rodeiam?

Quanto ao campo existencial, como as expectativas são muitas, não é à toa que a adolescência é uma fase de tantos conflitos, e – ao mesmo tempo – uma fase de encantamentos, de descobertas e de sensação de possibilidades infinitas; tempo de sonhos e de aventuras; sensação de impotência, frustrações e decepções; enfim, a época da experimentação de todas as coisas. Como disse há pouco, ele está entrando num mundo onde desconhece: o mundo dos adultos. Ele está em crise. E o pior: não consegue entender o que se passa consigo mesmo, gerando toda essa angústia e interrogação acerca do mundo, do homem, da vida, de Deus e, claro, de si mesmo. Por isso que a questão da autoestima é um fator essencial na fase da adolescência.

No campo social, essas mudanças são significativas. Por um lado, o adolescente pode se retrair e não debutar, ou seja, "não aparecer para o mundo", devido à vergonha do seu físico (talvez devido a espinhas no rosto, pelos em excesso ou crescimento físico desproporcional). Por outro lado, vai querer se afirmar e buscar amizades que compartilhem de suas ideias. Geralmente, o adolescente, anda em grupo, a fim de se fortalecer. Ele encontra na "galera" atributos que o torna mais seguro: diversão, coragem, amizade e afeto. Mas, quando se encontra sozinho, ele é capaz de cair em si e refletir sobre a fragilidade de sua personalidade.

Os rapazes gostam de exibir-se e de disputas entre si, através da aparência corporal, das novidades tecnológicas e da atividade física. A sua conversa, independentemente de classe social, gira em torno de garotas, competições, esporte e curtição. Seu amadurecimento se dá mais tarde do que o das moças. Estas, por sua vez, gostam de se arrumar ou "se produzir", disputando a atenção dos rapazes. Elas são mais curiosas e mais detalhistas. A sua conversa gira em torno da estética, "vida alheia" e de relacionamentos. São mais protegidas pelos pais. E, ainda que sejam expostas a desafios mais tarde do que os meninos, preocupam-se com o "futuro" mais cedo do que os rapazes.

O educador (não apenas o educador-filósofo) deve estar atento para estes detalhes, os quais acabam manifestando-se na escola e, não poucas vezes, na sala de aula. Observe as "rodinhas" de adolescentes. Ali o educador perceberá suas ideias e valores... Uma das coisas mais interessantes que percebi no trabalho com adolescentes é que, por mais que a gente pense que sua aula sairá conforme o que foi planejado, eles sempre nos surpreendem com suas atitudes e indagações. E continuo percebendo como é um público diferente, específico e com muita carência de orientação. É óbvio que existem aqueles alunos que "não tão nem aí" para o que você diz; entretanto, posso afirmar que, se souber conduzir suas aulas, muitos adolescentes acabam "aderindo" a elas. Aliás, como venho reiterando, a Filosofia, com certeza, pode servir de instrumento para solucionar quase todas as questões pessoais e sociais as quais incomodam nossos jovens. Sejam no trato consigo mesmo, com os amigos, a família, a religião e outros.

Agora, voltemos ao ambiente escolar. Dentre todos os espaços frequentados pelos adolescentes, não há lugar melhor do que a escola, pois é ali que eles encontram segurança por meio dos grupos de sua afinidade (veremos isso melhor adiante no item "A relação com os alunos"). Quanto ao interesse pelos estudos, é fato que, em geral, as moças se deidcam mais os livros do que os rapazes; e que elas têm maior preocupação com o capricho e organização dos trabalhos escolares do que eles; por isso que as moças destacam-se mais nos conceitos ou notas. Decerto que o bom resultado depende também da preferência por determinada matéria ou conteúdo ensinado; no entanto, baseado em minha experiência com este alunado, pode acreditar: por serem assaz emotivos, os adolescentes são melhores nas matérias que têm mais **simpatia** ou **afinidade com o professor**. Chegamos então a outra informação importante: o adolescente é excessivamente idealista e idólatra. Como ele ainda não tem discernimento para equilibrar razão e emoção, ele pode facilmente apaixonar-se pelos ideais ardentemente defendidos por um professor (idolatrando-o) – seja porque ele é bonito ou simpático; como, outrossim, pode odiar um outro, simplesmente por achá-lo feio ou antipático. Um exemplo banal: as aulas de Física (uma disciplina não muito agradável na visão da maioria dos estudantes), pode agradar mais do que as de Filosofia. Por quê? Será porque o professor de Física explica melhor? Pode ser, mas garanto que o seu relacionamento com os alunos é muito melhor. **Porém, lembre-se: é fato também que há professores que, por mais que se esforcem, nunca agradam a todos.**

    Quanto à curiosidade, própria da Filosofia e peculiar da fase adolescente, vale dizer que o professor-filósofo, durante as aulas, encontrará muitos alunos tímidos e taciturnos. Nessas situações, o professor pode lançar mão da maiêutica socrática, isto é, inquiri-los até surtir respostas (chamando-os à participação). Em contrapartida, não faltarão aqueles que o questionarão sobre tudo. Quanto a estes, é bom que o mestre esteja preparado, pois serão lançadas indagações muitas vezes desafiadoras e capciosas. Questões estas, inclusive, que eles próprios não têm coragem de fazer a seus pais, parentes ou líderes religiosos. Sendo assim, recomendo ao professor, na medida do possível, a tentar respondê-las. Podem parecer questões banais para nós, adultos, mas saiba que a boa vontade do professor pode significar o sucesso ou o fracasso de suas aulas.

Saiba que a maioria desses questionamentos são fruto de sua vulnerabilidade. Penso que é melhor buscar orientação com um filósofo do que com colegas de má índole ou "mal-informados". A boa conversa evita que os adolescentes acabem adentrando no "mau caminho". Aliás, eles carecem disso em casa. Em outras palavras, eles podem encontrar no professor de Filosofia uma pessoa de confiança, um **orientador** para dirimir suas dúvidas e angústias. E sempre tenha em mente o seguinte: **todo professor é formador de opinião!**

Destaco abaixo os **medos** mais frequentes dos adolescentes:

a) de não crescer; de ficar feio, de ser rejeitado;

b) de decepcionar na "primeira vez"; da maternidade precoce;

c) da separação dos pais ou de membros da família;

d) da violência, das drogas, das doenças, do mal;

e) de ficar solitário, ou seja, de não arrumar namorada(o);

f) de ser perseguido (*bullying*);

g) de preconceitos (social, racial, estético, religioso, gênero, opção sexual);

h) de não ser ninguém; de não se formar em nada;

i) de ficar fora do grupo ou da moda; de ficar isolado.

Sabendo disto, tente ajudar. Se não for possível – seja pela falta de tempo ou pela complexidade da conversa – encaminhe o adolescente para a Orientação Pedagógica. Esta certamente saberá lidar apropriadamente com tais problemas. Geralmente, observa-se que o professor graduado, que não passou pelo Curso Normal, não tem a mesma visão do profissional do primeiro segmento do Ensino Fundamental; assim como o profissional pós-graduado (*strictu sensu*), que não teve passagem pelo Ensino Médio, não tem a mesma visão e paciência do professor apenas graduado. Isso se explica por que – normalmente – o professor de primeiro segmento tende a olhar o aluno pelo todo, valorizando não apenas o cognitivo, mas os diversos aspectos do desenvolvimento da criança. O ideal é que se conjuguem essas visões sobre o aluno. É importante sim mirar a intelectualidade do discente; no entanto, é imprescindível, outrossim, enxergar e entender a realidade do aluno como um todo (condições socioeconômicas, familiares, de saúde etc.). Essa visão, aliás, é própria de um autêntico "educador".

O professor deve ter em mente que o adolescente é um jovem aprendiz, um "iniciado" na Filosofia. Logo, compreender os meandros desta fase da vida implica diretamente compreender as formas pelas quais ocorrem as relações de sociabilidade entre os mesmos. Posto que a Filosofia vá influenciar na sua cidadania, os processos específicos de desenvolvimento e aprendizagem dos jovens vão garantir o êxito individual e social. Por essa razão, é necessário que os educadores propiciem aos adolescentes valores duradouros, pelos quais os jovens possam assumir-se como seres pensantes, comunicativos, criativos e até transformadores da realidade ao seu redor.

A busca da própria identidade na adolescência é um processo que não ocorre sem tumultos, questionamentos e contestações, provocando perplexidade e confusão nos adultos. E isso causa um desequilíbrio familiar que muitas vezes reflete negativamente no rendimento escolar e no convívio social. Contudo, a despeito de seus problemas, a pessoa do adolescente pode ser lapidada para o bem. (...) mas podemos mudar o nosso espaço, a começar pela nossa casa, nossa sala de aula e pelas pessoas que convivem conosco. E a Filosofia mostra os caminhos para essa realização.

E, para finalizar, destaco a importância da família como o alicerce da construção da identidade do adolescente. A educação familiar dada na infância constitui uma herança importantíssima, pois, nessa fase, a criança tende a copiar o modelo moral dos pais. Muitas vezes, eles só se tornam "aborrescentes", porque jamais houve um bom relacionamento entre os seus pais, responsáveis ou membros da família. Por isso que, no processo educacional, a família não pode isentar-se de sua responsabilidade. É necessário, pois, assistir os adolescentes em suas angústias e indagações, dialogando, mostrando-lhes os porquês de fazer ou não fazer certas atitudes ou de tomar certas decisões. Assim, crescerão como pessoas saudáveis e conscientes da existência das normas familiares e sociais. Aliás, eles mesmos serão modelos de comportamento para toda vida, transmitindo inclusive para os seus descendentes.

3
O planejamento de ensino em Filosofia

Prefiro planejar a contar com a sorte.
Renato Velloso

Uma vez reconhecida a metodologia filosófica e a maneira mais adequada de lidar com a especificidade do público adolescente, o professor de Filosofia deve, neste momento, estar se autoindagando: "E agora, como vou planejar minhas aulas de Filosofia?" Esta é uma interrogação constante da maioria dos nossos colegas e até de pedagogos sobre o ensino de Filosofia no Ensino Médio.

O Planejamento de Ensino é a parte organizativa e didática de como processar esse ensino. Ora, para que o ensino de Filosofia se torne prático (e bem-sucedido), é imprescindível que o professor planeje as suas aulas. E um filósofo que se preze deve elaborar um planejamento organizado e com relevância social. Vale lembrar que o planejamento, seja de curso ou de aula, é um guia de professor, isto é, uma orientação. Não é uma receita de bolo. Logo, ele é flexível. Mas, por outro lado, o planejamento deve seguir as orientações ou diretrizes da rede de ensino a que está atrelado. Também deve levar em conta as normas da LDB (Lei 9.394/96), as orientações dos Parâmetros Curriculares Nacionais (PCN-Ensino Médio) e as Diretrizes Curriculares Nacionais (DCN, Resolução 3/98 da Câmara de Educação Básica (CEB/CNE/Ensino Médio). Portanto, qualquer que seja o seu planejamento, o profissional deve ter em mente estes documentos oficiais.

Para alguns parece uma tarefa fácil planejar, todavia, para muitos professores inexperientes "é preferível escrever uma obra filosófica a planejar!". Até porque muitos não sabem que caminho tomar. Aliás, muitos dos professores de Filosofia nem sabem da existência das possíveis alternativas que podem ser enveredadas. É importante que o professor saiba que, ao elaborar o seu planejamento, deve haver uma sequência lógica, que não se desvie do seu "fio condutor". O que não significa, necessariamente, ser inflexível, a ponto de "não poder desviar do programa". Ora, pode ocorrer que o professor prefira relacionar conteúdos filosóficos com acontecimentos de importância local (desastres regionais, eleições municipais, eventos citadinos) e depois retorne ao programa planejado. Por que não?! Todo professor sabe que o planejamento anual é uma previsão, até porque os conteúdos não podem "ficar soltos", à mercê dos acontecimentos imprevisíveis durante o ano letivo. O mais importante é que o profissional priorize os seguintes critérios:

1) Para que vou ensinar? (objetivos)

2) O que vou ensinar? (conteúdo)

3) Para quem vou ensinar? (público-alvo)

4) Como vou ensinar? (método)

5) Como está o processo ensino-aprendizagem? (avaliação)

Antes de falar de cada um desses itens, é importante mencionar que, embora frequentemente omitida, é interessante destacar uma **justificação da disciplina no planejamento**. Esta consiste nas considerações que antecedem os objetivos gerais. Em verdade, a justificação é a propedêutica do objetivo geral, subentendida pela seguinte pergunta: "Para que serve ensinar tal matéria?" Ao responder esta pergunta inicial, no preâmbulo do plano de curso, o professor faz entender a relevância social, política e cultural da disciplina. Isso será mais bem-exemplificado no modelo de planejamento mais adiante.

Os **objetivos de ensino** são as metas que o professor se propõe alcançar, mediante os conteúdos e método que melhor lhe convêm. Existem dois tipos de objetivos: o geral e o específico. O primeiro, como indica o termo, traça uma meta mais generalizada, ao passo que o segundo o faz para uma determinada aula ou atividade.

Um exemplo bem claro de objetivo geral é o delineado na LDB, cujo artigo segundo diz: "A Educação, dever da família e do Estado, inspirada nos princípios de liberdade e nos ideais de solidariedade humana, tem por finalidade o pleno desenvolvimento do educando, seu preparo para o exercício da cidadania e sua qualificação para o trabalho". Como objetivo geral da Filosofia, a mesma lei nos fornece um ótimo exemplo, no seu artigo 35, no qual reza: "O Ensino Médio, etapa final da Educação Básica, com duração mínima de três anos, terá como finalidades: [...] III – o aprimoramento do educando como pessoa humana, incluindo a formação ética e o desenvolvimento da autonomia intelectual e do pensamento crítico". Portanto, o objetivo geral do ensino de Filosofia deve estar voltado principalmente para os princípios filosóficos que se confundem senão com o próprio exercício da cidadania. Em resumo, os objetivos gerais são as bússolas do planejamento. São eles que norteiam todo o processo de ensino, seja para um período do curso ou para todo um ano letivo. A partir dessa diretriz, o profissional pode extrair os objetivos específicos para seu planejamento e desenvolver suas aulas de acordo com tais fios condutores.

Quanto aos **objetivos específicos**, o professor deve ter em mente as seguintes questões: "O que quero que meu aluno aprenda?" "O que será importante reter?" Para isso, na elaboração de seu planejamento de aula, é fundamental que o professor utilize verbos claros e precisos. Eles têm que expressar conhecimentos, habilidades e atitudes. O objetivo específico é mais concreto e deve corresponder à realidade de cada aula. Abaixo, dou alguns exemplos mais comuns, no contexto da metodologia filosófica:

a) analisar / criticar;

b) debater / participar;

c) explicitar / caracterizar;

d) deduzir / inferir;

e) comentar / resumir;

f) interpretar / justificar;

g) dissertar / fundamentar;

h) compreender/ entender;

i) comparar / diferenciar;

j) especificar / identificar.

Quanto à escolha dos **conteúdos**, isso depende principalmente da seleção dos assuntos priorizados pelo professor. Mas também depende dos objetivos de ensino, os quais norteiam a seleção destes conteúdos. Também depende do método pelo qual o professor irá encaminhar o seu trabalho. Por exemplo, o que devo priorizar: um fato dentro da História da Filosofia, como "O surgimento da Filosofia"? Ou um assunto sobre uma determinada área da Filosofia, como "a Metafísica"? Ou será que devo trabalhar a obra de um célebre filósofo, como as *Meditações*, de René Descartes? Ou será mais interessante lecionar sobre um tema filosófico atual, como "Liberação das pesquisas com embriões humanos"? Como podemos ver, para determinar os conteúdos de ensino, depende-se da associação dos fatores objetivos-conteúdos-métodos.

Quanto aos **assuntos filosóficos**, temos a nosso favor toda a herança cultural dos filósofos. Ela é muito rica, vasta, e, por isso mesmo, impossível de o professor ensinar todo o patrimônio filosófico, construído ao longo de mais de dois milênios e meio. O ideal é que sejam escolhidos os principais conteúdos. Aqueles que os alunos podem apreender facilmente. Por outro lado, tem que se pensar em teoria e prática. Os conteúdos devem propiciar o alargamento da cultura filosófica; contudo, devem ser correlacionados com a vida cotidiana. Cuidado com os excessos de abstrações filosóficas para o Ensino Médio!

Quanto ao **público-alvo**, como costumam dizer os filósofos da educação, todo planejamento depende, primeiramente, da realidade socioeconômica em que se encontram os alunos. É essa realidade que vai oferecer a diretriz para os objetivos e conteúdos do professor. Portanto, o professor deve planejar levando em conta todas as condições do seu alunado: cognitivas, sociais, a modalidade do curso, a faixa etária, a defasagem idade/série, além de outros fatores. Por exemplo, não adianta o professor planejar uma aula na sala de informática se a escola não possui computadores disponíveis para o corpo discente. Igualmente, não adianta planejar diversas excursões se a escola e os alunos não possuem verba para isso.

Assim, a despeito das condições desfavoráveis, o professor, no seu interesse de proporcionar boas aulas, procurará se informar sobre a situação atual da instituição e das turmas para as quais lecionará, durante todo o ano letivo. Nesse contexto, sugiro perscrutar sobre os seguintes dados:

a) Sobre o **bairro**: centro/periferia? Classe social baixa/alta? Tem serviços públicos?

b) Sobre a **escola**: pública ou privada? Tem projeto pedagógico? Tem recursos?

c) Sobre a **série/curso**: 1º ano? Último ano? Formação geral? Profissionalizante?

d) Sobre a **faixa etária**: adolescentes? Adultos? Idosos? Estão misturados?

e) Sobre a **turma**: repetentes? Assíduos? Indisciplinados? Numerosa?

Quanto ao **método de ensino**, dependerá da escolha do professor. Ora, o método não é senão o caminho pelo qual o profissional vai procurar conduzir o seu objetivo proposto (seja geral ou específico). Em outros termos, o método é a via ou o procedimento de ensino pelo qual o educador atinge a sua meta.

A inovação desta obra está justamente nos métodos. Aqui apresento "quatro vias" para se lecionar Filosofia. Em cada método proposto há um planejamento de ensino. Todos os detalhes dessa nova proposta serão explanados no próximo capítulo.

Em todo planejamento há um **desenvolvimento** das aulas. O desenvolvimento das aulas, na verdade, é um guia detalhado acerca do andamento de cada aula. São as atividades propostas pelo professor para que se atinjam os objetivos. Na pedagogia moderna fala-se de **competências ou habilidades**. Em lugar de descrever o que os alunos devem desenvolver, procura-se valorizar o que eles devem apreender durante ou após a aula.

Um outro dado não menos importante, dentro do planejamento, é a descrição dos **recursos didáticos**. Estes consistem nos instrumentos materiais que o professor utiliza durante as aulas. Tais materiais, sem dúvida, permitem ao professor maior eficácia no ensino da matéria. E a tarefa de disponibilizar recursos aos professores cabe aos gestores escolares. Há escolas que possuem carência de recursos didáticos devido à falta de recursos financeiros (comumente a rede pública). E, por esse motivo, o professor talvez deixe de realizar algumas atividades. Por exemplo, uma aula que se utiliza de um moderno retroprojetor (*Datashow*) será mais bem-aproveitada do que uma aula com apenas o quadro branco. Sendo assim, considerando as diversas realidades, o ideal é que o professor se programe a fim de evitar surpresas durante a aula. Nesse sentido, indico abaixo os recursos mínimos que a escola e o aluno devem possuir:

a) caderno ou fichário (com matérias separadas);

b) utilidades escolares: caneta, lápis, borracha, tesoura, cola, papel-ofício etc.;

c) mapas: mundial, americano, brasileiro, estadual, municipal etc.;

d) pesquisa: livros, revistas (especializadas ou não) e dicionários;

e) mídia: televisão, DVD player, retroprojetor, computador, microfone e amplificador.

Quanto à questão da **avaliação da aprendizagem**, informo que dediquei um capítulo inteiro sobre este assunto (cf. sumário). Apenas gostaria de adiantar que o modo de avaliar em Filosofia deve, impreterivelmente, atender aos objetivos elaborados no planejamento. Logo, o professor deve evitar fugir daquilo que foi estabelecido para a aprendizagem dos alunos. E, ainda, é através da avaliação que o profissional será capaz de reavaliar o seu próprio modo de ensinar.

Há ainda quatro considerações que eu gostaria de discutir nesta parte sobre planejamento de ensino; são elas: a motivação, o tempo de aula, a escolha do livro didático e o primeiro dia de aula.

A **motivação** é o incentivo que o professor proporciona aos alunos para que estes atentem para a sua aula. Há várias maneiras de fazer os alunos se sentirem motivados. Isso pode ser a partir da aula anterior ou no início da própria aula. Nesse contexto, o professor deve utilizar alguma "jogada didática". Pode ser através da leitura de uma reportagem do dia, de um acontecimento na escola ou no bairro, ou mesmo através de uma piada (cf. o capítulo sobre "Atividades didáticas"). O ideal é que esse incentivo seja curto e eficaz. Lembre que a motivação é o momento de **o professor fazer a sua aula valer a pena!**

Quanto ao **tempo de aula**, é imprescindível lembrar que o professor deve verificar a duração disponível. Geralmente, no Ensino Médio, para Filosofia, são 50 (cinquenta) minutos cada tempo, podendo ser um ou dois tempos para cada turma (o que é pouco!). Depende da organização do colégio ou da rede de ensino. Outro conselho: tratando-se de adolescentes, o professor deve levar em conta que os tempos do meio são os mais aproveitáveis, haja vista que os dois primeiros são atrasados pela euforia da entrada na escola e, os dois últimos, pela ânsia da hora da saída. Logo, o professor deve ficar atento à duração da sua aula para a concretização de suas atividades. Outra questão muito importante é a **distribuição dos conteúdos durante o ano letivo**. Caso o professor observe que determinado período terá menos aulas do que outro, devido a feriados, eventos escolares ou até por motivos particulares, então antecipe ou postergue determinados conteúdos e/ou atividades (para a próxima aula ou para o próximo bimestre). Isso vai quase sempre acontecer, até porque, por mais que se planeje, a vida tem suas surpresas. E, como já disse anteriormente, para poupar tempo, o ideal é que o professor selecione os assuntos mais importantes.

Quanto à **aquisição de livros didáticos**, é sabido que, na rede privada, a exigência é plenamente possível; no entanto, na rede pública, os alunos não têm condições financeiras para adquirir os livros de todas as disciplinas, visto que os estudantes da rede pública são, em sua maioria, de baixa renda. É fato que existe a distribuição de livros didáticos nas escolas públicas, através do Programa Nacional do Livro Didático (PNLD), do Ministério da Educação; todavia, também é fato que os livros didáticos de Filosofia e Sociologia ainda não são priorizados (em muitos estados), haja vista que estas não são as "matérias principais". Caso exista essa "oportunidade" na sua rede de ensino, procure eleger uma obra de acordo com o método a ser trabalhado. E aqui deixo uma valiosa dica: o bom professor que se preze deve, no mínimo, ler antes o sumário do livro e folheá-lo com muita atenção. Todo bom leitor sabe que uma capa bonita não significa um livro de boa qualidade. Em verdade, não há muita diversidade de livros didáticos de Filosofia para o Ensino Médio. E são poucos os que "caem como uma luva" ao público jovem e adolescente.

Caso não consiga livros para o seu alunado, aqui vai outra sugestão: elabore uma apostila, com aulas resumidas, por bimestre, e para todo ano letivo. No início do ano, deixe uma cópia da apostila com o representante da turma para que seja reproduzida para todos. Faça isso logo nas primeiras aulas, para que as próximas não sejam atrapalhadas pela desculpa de que "não deu tempo" de reproduzir os textos. E esteja certo disto: se a maioria da turma não tiver o texto, sua aula será um convite para a distração.

Uma última ponderação deste capítulo é quanto à **aula inaugural** de Filosofia (o primeiro dia de aula). Parece uma inverdade, mas, tratando-se de adolescentes, estou de acordo com o ditado popular que diz: "A primeira impressão é a que fica". Então, é bom que você, professor, faça de tudo para ela dar certo. Aqui vão algumas dicas "legais" para atrair a atenção dos adolescentes, os "aprendizes de Filosofia":

a) **Apresentação**: faça um círculo. Apresente-se e deixe os alunos se apresentarem; a maioria dos adolescentes adora falar de si. Isso pode ser feito através de uma dinâmica (cf. referências).

b) **Modo de trabalhar**: informe sobre a sua metodologia, as suas diferentes atividades e formas de avaliação: provas, trabalhos, pesquisas, pontuação etc.

c) **Atividades extraclasse**: informe sobre passeios, visitas à biblioteca e exposições, feiras culturais, projetos interdisciplinares etc.

d) **Comportamento**: informe sobre a disciplina dentro e fora da sala de aula; possíveis recompensas e punições; a interação entre colegas e demais profissionais da escola.

e) **Problematização**: comece indagando: "O que é Filosofia?"; "O que ela estuda?" "O que é um filósofo?" Peça para pesquisar depois no dicionário ou na internet.

Mais uns últimos conselhos: seja convincente, firme, simpático, alegre, simples e sábio. Não esqueça que tudo é novo para a maioria deles: a escola, a matéria, os amigos e o professor. Aliás, adolescentes gostam de novidades. E você, educador-filósofo, é o maestro desta orquestra! Explore isso! E ainda: no fundo, apesar de ser uma disciplina desconhecida, eles esperam que uma aula diferente aconteça! Assim, se ela for bastante atraente, com certeza eles a divulgarão para toda a escola.

4
Métodos ou modos para ensinar Filosofia

Agora você vai embora, e eu não sei o que fazer,
Ninguém me explicou na escola, ninguém vai me responder.
Kid Abelha

"Por onde começo?" Eis a pergunta mais frequente no início de ano letivo, senão a maior preocupação, de todo professor de Filosofia, principalmente do iniciante. "Começo com o surgimento da Filosofia, na Antiga Grécia?" "Começo com Sócrates ou com os pré-socráticos? "Ou começo com os temas filosóficos, como a questão do Ser?" Ou "Será melhor falar de Ética?"... Aliás, qual professor nunca passou por isso? Ocorre que, como falta orientação sobre o assunto, o profissional acaba repetindo os métodos universitários tradicionais, a saber: trazer um texto filosófico para sala de aula para depois comentá-lo ou debatê-lo com os alunos. Isto talvez pareça indicado para a graduação, mas o professor deve saber que este modo de ensinar Filosofia não pode ser o exclusivo **para os alunos do Ensino Médio**.

No ensino de Filosofia para adolescentes, o profissional deve levar em conta que está lidando com uma faixa etária entre 14 e 18 anos (em sua maioria). Logo, não deve pensar que só importa o conteúdo filosófico em si, mas igualmente a prática que melhor conduzirá este público a atingir o seu objetivo. E o método escolhido (a via) fará grande diferença.

Ao longo de minha experiência, como professor de Filosofia para o Ensino Médio, posso afirmar que existem, basicamente, quatro métodos ou caminhos possíveis que podem ser trilhados. É o que chamo de "quatro vias para lecionar Filosofia". São elas:

1) Por meio da História da Filosofia.
2) Por meio das Áreas da Filosofia.
3) Por meio dos Filósofos e suas Obras.
4) Por meio dos Temas ou Questões filosóficas.

O objeto de estudo é o mesmo: a Filosofia. A dessemelhança é que cada um segue por caminhos distintos. Por exemplo, inevitavelmente, todos os métodos deverão ensinar sobre os filósofos, independentemente de ter uma via própria para isso. Sócrates, Platão e Aristóteles deverão ser mencionados nos quatro caminhos, porém a diferença está no foco do método.

No presente capítulo, ofereço ao professor quatro planejamentos de ensino, correspondentes a cada método (cf. mais adiante). O mais importante é saber que, ao eleger o seu método preferido, o profissional deve entender que ele será o norte de seu planejamento. Todavia, isso não impede que esses métodos possam ser mesclados durante o ano letivo. Por exemplo, talvez o professor não goste de trabalhar só por meio de áreas da Filosofia, então opte, num outro período (trimestre, semestre ou ano), trabalhar através de temas de Filosofia. Talvez prefira aprofundar certa obra ou doutrina filosófica, então lecione por meio dos filósofos e suas obras. Isso sempre dependerá da preferência do professor. Particularmente, penso que, na prática, o docente acaba trabalhando um pouco de cada método no seu planejamento de ensino. Por exemplo, um professor planeja lecionar sobre o "materialismo histórico", conceito do filósofo Karl Marx, a partir de um capítulo da obra *Manifesto do Partido Comunista*. Na primeira aula, ele explana sobre o filósofo Karl Marx. Na segunda aula, explica todo o contexto histórico da idealização do conceito acima destacado. Na terceira aula, explica esse conceito através da leitura de um capítulo da obra citada. Na quarta aula, aborda a questão do *Capitalismo x Socialismo*. Como podemos observar, só nesse exemplo o professor foi capaz de abordar as "quatro vias": trabalhou com Karl Marx e o *Manifesto* (Filósofo e suas obras); trabalhou com a Filosofia no século XIX (História da Filosofia); trabalhou com a teoria marxista – Política (Área da Filosofia); trabalhou com o socialismo *versus* o capitalismo (Tema/Questão filosófica). E todas estas abordagens podem ser ainda enriquecidas através da exibição do filme *Che Guevara*, um longa-metragem bastante atual, que ilustra o conteúdo, por meio da Revolução Cubana (1959).

Nesta obra não privilegio nem um nem outro método. Cada método tem suas vantagens e desvantagens. Cabe ao professor estudá-los, testá-los e tentar aplicar o mais conveniente para seu alunado, sempre, claro, respeitando o limite de exigência da faixa etária. Inclusive, o professor poderá lecionar através de um método num determinado ano e trocar de método no ano posterior (exemplo: por meio de Temas de Filosofia na 1ª série de 2015 e por meio de História da Filosofia na 1ª série de 2016). Poderá também trabalhar por meio de um método numa determinada série e com outro método numa outra série (por exemplo: Filósofos e suas obras na 1ª série e Áreas da Filosofia na 2ª série). Até mesmo os objetivos podem ser modificados entre um método e outro. Por exemplo, ao analisar a obra *Ética a Nicômaco* (Filósofos e suas obras) o professor pode ter como objetivo clarear ou solucionar uma questão moral atual em vez de ilustrar toda a ética de Aristóteles (Área da Filosofia). O ideal é que o profissional procure trabalhar com o mesmo método durante todo ano e com as mesmas séries, porém, pode-se considerar que a sala de aula é o seu laboratório, isto é, erra-se e acerta-se até chegar a um resultado satisfatório.

Da mesma forma podem-se programar as chamadas **atividades didáticas** e as **avaliações** em Filosofia (veremos estas em capítulos posteriores). O professor pode **trocar, inverter, deslocar, ampliar, reduzir, enfim, modificar conforme a melhor maneira que lhe convém**. Costumo dizer que o professor é o "maestro" em sala; logo, só ele sabe o melhor modo de reger a sua orquestra. Por exemplo, através de uma simples exibição de um filme, o professor pode realizar um debate com os alunos (na mesma ou na próxima aula). Pode também realizar um júri simulado. Igualmente, como avaliação, pode pedir um simples relatório ou este com uma resenha sobre o que foi exibido.

Quanto à **pontuação**, os critérios vão depender da rede de ensino, da escola e até do professor. Decerto que há variações, contudo, o ideal é que se use de bom senso na distribuição dessa pontuação. Por exemplo, digamos que determinada rede de ensino (privada ou pública) tenha como regra, em cada período ou etapa (bimestre ou trimestre), a totalização de dez pontos. E o aluno deve obter, minimamente, seis pontos em cada etapa, para ficar com nota suficiente para ser aprovado. O professor pode dividir a pontuação da seguinte maneira: a prova (prática ou teórica) vale quatro pontos; os trabalhos/atividades valem quatro pontos; e a participação/assiduidade vale dois pontos (4 + 4 + 2 = 10). O aluno tem boas chances de conseguir estar acima da média. Como se pode observar, o professor está sendo equilibrado na divisão de sua pontuação durante cada etapa do ano letivo.

Também o professor deve estar atento aos **prazos das atividades**, ou seja, a duração das atividades e entrega das avaliações, que vai depender tanto do seu próprio planejamento quanto do calendário escolar. Por exemplo, uma pesquisa sobre a filosofia de Platão pode ser entregue em até duas ou três semanas, mas um simples exercício de casa não pode passar da próxima aula.

Nesse contexto, corroboro aqui a opinião de que tudo vai depender das condições propícias para que seja efetivado o cumprimento de (quase) todo o planejamento do professor. Não adianta o profissional planejar muita coisa se, na prática, nem metade do planejado será aplicado, devido à falta de tempo e até de apoio pedagógico ou administrativo. Assim, como já mencionei há pouco, aconselho o profissional a utilizar **sempre o bom senso**. O bom senso é filho da sabedoria. Ele auxilia o filósofo na aplicação desta à realidade.

Nos planejamentos que se seguem apresento as "quatro vias do ensino de Filosofia" propostas nesta obra. São **Planejamentos de Ensino anuais**. Procurei preenchê-los conforme o padrão pedagógico atual, deixando-os o mais completo possível, indicando os seguintes componentes: cabeçalho, justificativa, objetivo geral, objetivos específicos, conteúdo, competências ou habilidades, desenvolvimento, recursos didáticos e avaliação. Adotei um modelo bem próximo da maioria dos sistemas de ensino, dividindo-os em quatro bimestres, com oito aulas cada um. A bibliografia donde retirei os conteúdos está no final desta obra. Vale lembrar que estes planejamentos não pretendem se constituir um "plano-padrão", mas um modelo ou guia para que o professor possa obter êxito em suas aulas.

4.1 Trabalhando com a História da Filosofia

Por meio da história da Filosofia, o professor tem a oportunidade de mostrar toda a formação da Filosofia, a partir da Antiga Grécia até os dias atuais. Trabalhar por esta via tem a vantagem de demonstrar uma evolução cronológica das ideias filosóficas, pelo menos as mais importantes. Isso implica, certamente, conhecimento de História da parte do docente, pois envolve contextualização política, social, econômica, cultural e religiosa da época em que o conteúdo está se concentrando.

Neste método, o professor deve abordar todas as divisões históricas, a saber:

a) Idade Antiga.

b) Idade Média.

c) Idade Moderna.

d) Idade Contemporânea.

Em cada fase, o professor deve trabalhar os principais acontecimentos, enfocando, obviamente, as ideias filosóficas. Vale destacar, não se trata de um ensino de História puramente, mas da evolução ou do desenvolvimento da Filosofia na história. Essa é a vantagem desta via. Neste método, por ser mais extenso, o ideal é que se trabalhe *en passant* com filósofos, obras, doutrinas ou temas filosóficos. Lembre-se: nem mesmo no Curso de Filosofia, no nível superior, em quatro anos, os professores conseguem trabalhar todos os conteúdos.

Desse modo, o professor pode já prever que não será possível trabalhar (ou esgotar) determinado assunto em apenas um bimestre, nem mesmo num semestre. Por exemplo, a história da Filosofia Contemporânea é muito mais intensa e volumosa do que a história da Filosofia Medieval. Logo, deverá usar de bom senso para selecionar os melhores conteúdos e saber dividi-los nos quatro bimestres, e até mesmo, quando possível, entre os três anos do Ensino Médio.

Tabela 1: Planejamento de Ensino Anual do Método História da Filosofia

COLÉGIO ESTADUAL JEAN-JACQUES ROUSSEAU	SÉRIE: 1º ano
NÍVEL / MODALIDADE: ENSINO MÉDIO/ FORMAÇÃO GERAL	PROFESSORA: Hanna Arendt
DISCIPLINA: Filosofia	ANO LETIVO: 2008
TURMA: 1001, 1002 e 1003	

JUSTIFICATIVA:

1) Considerando que a Constituição Federal, cujo artigo 205 (*caput*), ordena que a **Educação** vise o pleno desenvolvimento da pessoa, seu preparo para o exercício da cidadania e sua qualificação para o trabalho.
2) Considerando a Lei de Diretrizes e Bases da Educação Nacional, cujo artigo 36 (inciso IV) torna obrigatória a inclusão da **Filosofia** em todas as séries do Ensino Médio.
3) Considerando as Diretrizes Curriculares Nacionais, cujo artigo 10º (alínea b, § 2º) outorga à **Filosofia** o papel de disciplina transdisciplinar; Este Planejamento de Ensino tem como **objetivo geral**: contribuir para a dignidade da pessoa humana e formar cidadãos conscientes, críticos e participativos.

1º BIMESTRE (8 AULAS)
UNIDADE I: IDADE ANTIGA (DO PERÍODO PRÉ-SOCRÁTICO ATÉ 476 d.C.)

Objetivos específicos	Conteúdos	Competências/Habilidades	Desenvolvimento	Recursos	Avaliação
Compreender o contexto geral da Grécia Antiga.	**1ª aula:** A Grécia Antiga	– Entender (sumariamente) os aspectos social, econômico e político da Grécia Antiga. – Entender os aspectos cultural e religioso (mitologia grega) das principais cidades gregas.	– Sondagem dos alunos através de dinâmica(s). (ver "dinâmica"). – Aula expositiva. – Observação do mapa da Grécia.	– Marcador de quadro branco e apagador. – Texto da Coleção *Os Pensadores*. – Mapa da Grécia Antiga.	Pesquisar na internet sobre "Mitologia Grega". Critério: (ver "pesquisa"); prazo: x dias; valor: x pontos.
Compreender o período pré-socrático e identificar o surgimento da Filosofia.	**2ª aula:** O surgimento da Filosofia	– Reconhecer onde, quando e como surgiu a Filosofia. – Identificar as escolas e respectivos filósofos: Tales, Anaximandro, Anaxímenes, Parmênides, Heráclito, Empédocles, Pitágoras e Demócrito.	– Aula expositiva. – Leitura e interpretação de texto filosófico (ver "leitura de texto filosófico"). – Exercícios para aula.	– Marcador de quadro branco e apagador. – Texto da Coleção *Os Pensadores*. – Mapa da Grécia Antiga.	Fazer exercícios para casa sobre o estudo da Filosofia. Critérios: (ver "exercícios"); prazo: x dias; valor: x pontos.
Compreender a sofística, o socratismo e identificar seus principais filósofos.	**3ª aula:** O sofismo e o socratismo	– Diferenciar a sofística da filosofia de Sócrates. – Identificar os sofistas: Górgias e Protágoras.	– Aula expositiva. – Leitura e interpretação de texto filosófico. – Preparar o ambiente para a dramatização.	– Marcador de quadro branco e apagador. – Texto da Coleção *Os Pensadores*.	Realizar uma dramatização sobre a "Alegoria da caverna" (Platão). Critérios: (ver "dramatização"); duração: x tempos; valor: x pontos.

Identificar os principais filósofos gregos.	4ª aula: O platonismo e o aristotelismo	– Reconhecer a filosofia de Platão. – Reconhecer a filosofia de Aristóteles. – Comparar ambas as filosofias.	– Aula expositiva. – Leitura e interpretação de texto filosófico. – Organizar a montagem do mural com os alunos.	– Marcador de quadro branco e apagador. – Texto da Coleção *Os Pensadores*. – Material necessário para confecção do mural.	Confeccionar um mural ou painel sobre as filosofias de Aristóteles e Platão. Critérios: (ver "confeccionar mural"); prazo: x dias; valor: x pontos.
Compreender o contexto geral da Roma Antiga e a filosofia desse período.	5ª aula: A Roma Antiga	– Entender (sumariamente) todo o contexto (social, econômico, político, cultural e religioso) do Império Romano. – Entender o Ecletismo e identificar os filósofos: Marco Aurélio, Sêneca e Cícero.	– Aula expositiva. – Leitura e interpretação de texto filosófico. – Observação do mapa da Roma Antiga. – Preparar os grupos para a montagem da maquete.	– Marcador de quadro branco e apagador. – Texto da Coleção *Os Pensadores*. – Mapa da Roma Antiga. – Folha de ofício com questões redigidas.	Construir maquetes sobre alguma arquitetura do Império Romano. Critérios: (ver "maquete"; prazo: x dias; valor: x pontos.
Compreender a filosofia helenística e identificar os principais filósofos deste período.	6ª aula: O Helenismo	– Entender o Epicurismo e abordar Epicuro. – Entender o Estoicismo e identificar Zenão de Cício. – Entender o Ceticismo e identificar Pirro e Sexto Empírico. – Entender o Neoplatonismo e identificar Plotino.	– Aula expositiva. – Leitura e interpretação de texto filosófico. – Observação dos mapas. – Preparar os grupos para o seminário.	– Marcador de quadro branco e apagador. – Texto da Coleção *Os Pensadores*. – Mapa de Roma e da Grécia Antiga.	Apresentar um seminário sobre as escolas helenistas. Critérios: (ver "seminário"); prazo: x tempos; valor: x pontos.
Ilustrar e reforçar o conteúdo lecionado no bimestre.	7ª aula: Exibição de filme	– Ampliar o conhecimento sobre mitologia grega.	– Exibir o filme. *Fúria de titãs*. Duração: x horas (pode ser exibido em duas aulas).	– Recurso audiovisual (aparelho de DVD ou similar).	Fazer um resumo com resenha sobre o filme. Critérios: (ver "exibição de filme"); prazo: x dias; valor: x pontos.
Verificar se o aluno reteve os conhecimentos do bimestre.	8ª aula: Prova bimestral	– Demonstrar retenção dos conteúdos estudados no 1º bimestre. – Ser capaz de realizar uma prova objetiva (escrita).	– Fazer uma breve revisão dos conteúdos ensinados ao longo do 1º bimestre. – Aplicar as questões correlatas ao conteúdo ensinado no 1º bimestre.	– Folha de papel-ofício com as questões objetivas.	Realizar prova objetiva (escrita). Critérios: (ver "prova ou teste objetivo"); duração: x tempos; valor: x pontos.

2º BIMESTRE (8 AULAS)
UNIDADE II: IDADE MÉDIA (476 d.C. ATÉ 1453)

Objetivos específicos	Conteúdos	Competências/ Habilidades	Desenvolvimento	Recursos	Avaliação
Compreender todo o contexto do período medieval.	**1ª aula:** A Idade Média	– Entender (sumariamente) todo o contexto (social, econômico, político, cultural e religioso) da Idade Média, desde o início da Era Cristã até o final da Idade Média.	– Aula expositiva. – Leitura e interpretação de texto filosófico. – Observação do mapa da Europa Medieval. – Exercícios para aula.	– Marcador de quadro branco e apagador. – Texto da Coleção Os Pensadores. – Mapa da Europa (Idade Média).	Pesquisar sobre a Idade Média na biblioteca da escola. Critérios: (ver "pesquisa"); prazo: x dias; valor: x pontos.
Compreender a influência da filosofia grega na Patrística e identificar os seus principais filósofos.	**2ª aula:** O cristianismo e a Patrística	– Reconhecer a influência do cristianismo no mundo ocidental. – Entender a filosofia "dos Padres" e reconhecer a filosofia de Agostinho e Clemente.	– Aula expositiva. – Leitura e interpretação de texto filosófico.	– Texto informatizado sobre o conteúdo. – Mapa da Europa (Idade Média).	Pesquisar, na sala de informática da escola, sobre a Patrística. Critérios: (ver "aula informatizada"); duração: x tempos; valor: x pontos.
Compreender a filosofia medieval e identificar seus principais filósofos.	**3ª aula:** Correntes filosóficas da Idade Média	– Entender a Escolástica e reconhecer a filosofia de Tomás de Aquino e Anselmo. – Entender o Nominalismo e reconhecer a filosofia de Boécio e Guilherme de Ockham. – Entender o Conceitualismo e reconhecer a filosofia de Pedro Abelardo.	– Aula expositiva. – Leitura e interpretação de texto filosófico. – Entregar as perguntas para a entrevista.	– Marcador de quadro branco e apagador. – Texto da Coleção Os Pensadores. – Folha de papel-ofício com as perguntas para a entrevista.	Entrevistar um padre ou teólogo sobre: Santo Tomás de Aquino e sua filosofia. Critério: (ver "entrevista"); prazo: x dias; valor: x pontos.
Compreender o pensamento das principais religiões monoteístas e identificar seus principais pensadores.	**4ª aula:** O judaísmo e o islamismo	– Entender (sumariamente) o judaísmo e o islamismo, correlacionando à Filosofia ocidental. – Reconhecer os principais interpretadores judeus (Maimônides) e muçulmanos (Avicena e Averróis) das obras de Aristóteles e Platão.	– Aula expositiva. – Leitura e interpretação de texto filosófico. – Dividir os grupos e orientar a montagem do mural com os alunos.	– Marcador de quadro branco e apagador. – Texto da Coleção Os Pensadores. – Todo o material para a confecção de mural.	Confeccionar um mural (painel) das respectivas doutrinas religiosas: judaísmo, islamismo e cristianismo. Critérios: (ver "confecção de mural"); prazo: x dias; valor: x pontos.

Compreender todo o contexto de transição entre a Idade Média e a Moderna.	**5ª aula:** A transição para o mundo moderno	– Entender (sumariamente) todo o contexto (social, econômico, político, cultural e religioso) de transição da Idade Média para a Moderna.	– Aula expositiva. – Leitura e interpretação de texto filosófico. – Preparar o ambiente para o teste escrito.	– Marcador de quadro branco e apagador. – Texto da Coleção Os Pensadores. – Folha de papel-ofício com questões objetivas.	Realizar um teste objetivo sobre o conteúdo lecionado nesta aula. Critérios: (ver "prova ou teste objetivo"); duração: x tempos; valor: x pontos.
Identificar as principais doutrinas e filósofos no início da Idade Moderna.	**6ª aula:** A Renascença e a ciência moderna	– Entender o humanismo e reconhecer os pensadores: Erasmo, Morus, Leonardo da Vinci e Petrarca. – Reconhecer o surgimento da ciência moderna e identificar os cientistas Kepler, Copérnico e o filósofo-cientista Galileu.	– Mostrar as gravuras do Renascimento. – Preparar auditório para o palestrante.	– Gravuras do Renascimento. – Amplificador e microfone (o resto fica ao encargo do palestrante).	Assistir a palestra sobre a "Transição da Idade Média para a Moderna". Preparar um relatório. Critérios: (ver "palestra"); prazo: x dias; valor: x pontos.
Ilustrar e reforçar o conteúdo lecionado no bimestre.	**7ª aula:** Exibição de filme	– Ampliar o conhecimento sobre o contexto medieval.	– Exibir o filme As cruzadas. Duração: x horas (pode ser exibido em duas aulas).	– Recurso audiovisual (aparelho de DVD ou similar).	Fazer um resumo com resenha sobre o filme. Critérios: (ver "exibição de filme"); prazo: x dias; valor: x pontos.
Verificar se o aluno reteve os conhecimentos do bimestre.	**8ª aula:** Prova bimestral	– Demonstrar retenção dos conteúdos estudados no 2º bimestre. – Ser capaz de realizar a prova objetiva (escrita).	– Fazer uma breve revisão dos conteúdos ensinados ao longo do 2º bimestre. – Aplicar as questões correlatas ao conteúdo ensinado no 2º bimestre.	– Folha de papel-ofício escrita com as questões objetivas.	Realizar prova objetiva (escrita). Critérios: (ver "prova ou teste objetivo"); duração: x tempos; valor: x pontos.

3º BIMESTRE (8 AULAS)
UNIDADE III: IDADE MODERNA (DE 1453 ATÉ 1789)

Objetivos específicos	Conteúdos	Competências/ Habilidades	Desenvolvimento	Recursos	Avaliação
Compreender todo o contexto do Período Moderno.	**1ª aula:** A Idade Moderna	– Entender (sumariamente) todo o contexto (social, econômico, político, cultual e religioso) da Idade Moderna, a partir do século XVI.	– Aula expositiva. – Leitura e interpretação de texto filosófico. – Observação no mapa mundial. – Entregar as questões da pesquisa.	– Marcador de quadro branco e apagador. – Texto da Coleção *Os Pensadores*. – Mapa ou atlas mundial.	Pesquisar sobre a "Ciência da Idade Moderna", numa biblioteca pública. Critérios: (ver "visita à biblioteca"); prazo: x dias; valor: x pontos.
Compreender a filosofia racionalista e identificar seus principais filósofos.	**2ª aula:** O Racionalismo	– Entender o Racionalismo e reconhecer os filósofos: Descartes, Espinosa, Leibniz.	– Aula expositiva. – Leitura e interpretação de texto filosófico. – Entregar as questões da dissertação.	– Marcador de quadro branco e apagador. – Texto da Coleção *Os Pensadores*.	Elaborar uma redação dissertativa sobre um texto da obra *Discurso do método* (Descartes). Critérios: (ver "redação dissertativa"); prazo: x dias; valor: x pontos.
Compreender a filosofia empirista e identificar seus principais filósofos.	**3ª aula:** O Empirismo	– Entender o Empirismo e reconhecer os filósofos: Bacon, Locke e Hume.	– Aula expositiva. – Leitura e interpretação de texto filosófico. – Preparar o ambiente para a dinâmica (ver "dinâmica").	– Marcador de quadro branco e apagador. – Texto da Coleção *Os Pensadores*. – Material da dinâmica (se necessário).	Realizar uma arguição (através de dinâmica) sobre os filósofos do empirismo. Critérios: (ver "arguição"); duração: x tempos; valor: x pontos.
Compreender a filosofia política moderna e identificar seus principais filósofos.	**4ª aula:** A política moderna	– Reconhecer o surgimento da política Moderna, seu desenvolvimento e identificar os filósofos: Maquiavel, Hobbes e Rousseau.	– Aula expositiva. – Leitura e interpretação de texto filosófico. – Preparar as duplas para escutar a música.	– Marcador de quadro branco e apagador. – Texto sobre o conteúdo. – Recurso de áudio (CD, MP4 ou similar).	Escutar e interpretar letra de música sobre a política no Brasil. Critérios: (ver "audição de música"); duração: x tempos; valor: x pontos.

Compreender o Iluminismo e identificar seus principais pensadores.	5ª aula: O Iluminismo	– Entender (sumariamente) todo o contexto (social, político, econômico, cultural e religioso) que antecedeu o Movimento Iluminista na Europa. – Entender o Iluminismo e reconhecer os filósofos: Diderot, d'Alembert, Voltaire e Rousseau.	– Aula expositiva. – Leitura e interpretação de texto filosófico. – Preparar o ambiente para o debate.	– Marcador de quadro branco e apagador. – Texto da Coleção *Os Pensadores*.	Realizar um debate sobre o tema: "fé x razão". Critérios: (ver "debate"); duração: x tempos; valor: x pontos.
Compreender todo o contexto de transição da Idade Moderna para a Contemporânea.	6ª aula: A transição para o mundo contemporâneo	– Entender (sumariamente) todo o contexto (social, econômico, político, cultural e religioso) da transição entre a Idade Moderna e a Contemporânea. – Entender o Criticismo e a filosofia de Kant.	– Aula expositiva. – Leitura e interpretação de texto filosófico. – Preparar a sala de aula para o teste objetivo (escrito).	– Marcador de quadro branco e apagador. – Texto da Coleção *Os Pensadores*. – Folha de papel- -ofício com as questões objetivas.	Realizar um teste objetivo sobre o conteúdo lecionado nesta aula. Critérios: (ver "prova ou teste objetivo"); duração: x tempos; valor: x pontos.
Ilustrar o contexto da Idade Moderna.	7ª aula: Passeio-aula (programado)	– Reconhecer e ampliar o conteúdo do 3º bimestre.	– Visitar uma universidade pública, visitando a Faculdade de Filosofia. Duração: um turno (pode ser estendido).	Ônibus (previamente programado) com autorização dos responsáveis.	Fazer um relatório sobre a visitação. Critérios: (ver "passeio-aula"); prazo: x dias; valor: x pontos.
Verificar se o aluno reteve os conhecimentos do bimestre.	8ª aula: Prova bimestral	– Demonstrar retenção dos conteúdos estudados no 3º bimestre. – Ser capaz de realizar prova objetiva (escrita).	– Fazer uma breve revisão dos conteúdos ensinados ao longo do 3º bimestre. – Aplicar as questões correlatas ao conteúdo ensinado no 3º bimestre.	– Folha de papel-ofício com as questões objetivas.	Realizar prova objetiva (escrita). Critérios: (ver "prova ou teste objetivo"); duração: x tempos; valor: x pontos.

4º BIMESTRE (8 AULAS)
UNIDADE IV: IDADE CONTEMPORÂNEA (DE 1789 ATÉ OS DIAS ATUAIS)

Objetivos específicos	Conteúdos	Competências/ Habilidades	Desenvolvimento	Recursos	Avaliação
Compreender todo o contexto do período contemporâneo e o Positivismo de Comte.	**1ª aula:** A Idade Contemporânea	– Entender (sumariamente) todo o contexto (social, econômico, político, cultural e religioso) da Idade Contemporânea, a partir do século XIX. – Entender os pontos principais do positivismo de Augusto Comte.	– Aula expositiva. – Leitura e interpretação de texto filosófico. – Acessar e observar o mapa global pela internet.	– Notebook ou computadores com acesso à internet.	Pesquisar sobre o neopositivismo, na sala de informática da escola. Critérios: (ver "aula informatizada"); prazo: x dias; valor: x pontos.
Compreender as filosofias idealista, materialista e identificar seus principais filósofos.	**2ª aula:** Idealismo e o Materialismo	– Entender o Idealismo e reconhecer os filósofos Hegel e Schelling. – Entender o Materialismo e reconhecer os filósofos Marx e Engels.	– Aula expositiva. – Leitura e interpretação de texto filosófico. – Preparar os grupos para o seminário.	– Marcador de quadro branco e apagador. – Texto da Coleção *Os Pensadores*.	Apresentar um seminário sobre o socialismo, o comunismo e o capitalismo. Critérios: (ver "seminário"); duração: x tempos; valor: x pontos.
Compreender as filosofias fenomenológica, existencialista e identificar seus principais filósofos.	**3ª aula:** A Fenomenologia e o Existencialismo	– Entender a Fenomenologia e reconhecer os filósofos Kierkegaard e Husserl. – Entender o Existencialismo (ateu e cristão) e reconhecer os filósofos: Heidegger, Sartre e G. Marcel.	– Aula expositiva. – Leitura e interpretação de texto filosófico. – Preparar o espaço para a dramatização.	– Marcador de quadro branco e apagador. – Texto da Coleção *Os Pensadores*. – Indumentária dos dias atuais.	Realizar uma dramatização sobre o Existencialismo sartreano. Critérios: (ver "dramatização"); prazo: x tempos; valor: x pontos.
Conhecer a filosofia da Escola de Frankfurt e identificar seus principais filósofos.	**4ª aula:** A Escola de Frankfurt	– Entender a Teoria Crítica da Escola de Frankfurt e reconhecer os filósofos: Benjamim, Adorno, Horkheimer, Marcuse e Habermas.	– Aula expositiva. – Leitura e interpretação de texto filosófico. – Entregar as questões para a dissertação.	– Marcador de quadro branco e apagador. – Texto da Coleção *Os Pensadores*.	Elaborar uma redação dissertativa sobre um texto de Walter Benjamim. Critérios: (ver "redação dissertativa"); duração: x tempos; valor: x pontos.

Compreender as principais filosofias dos séculos XIX e XX e identificar seus principais filósofos.	5ª aula: Filosofias dos séculos XIX e XX	– Entender (sumariamente) as seguintes filosofias e principais filósofos: Eterno Retorno (Nietzsche), Utilitarismo (Bentham); Pragmatismo (Dewey); e Psicanálise (Freud).	– Aula expositiva. – Leitura e interpretação de texto filosófico. – Preparar o ambiente para o debate.	– Marcador de quadro branco e apagador. – Texto da Coleção *Os Pensadores*.	Realizar um debate cujo tema seja: "Moral nietzscheana x moral cristã". Critérios: (ver "debate"); duração: x tempos; valor: x pontos.
Compreender as principais filosofias dos séculos XIX e XX e identificar seus principais filósofos.	6ª aula: Filosofias dos séculos XIX e XX	– Entender (sumariamente) as seguintes filosofias e respectivos filósofos: Estruturalismo (Lévi-Strauss); Vitalismo (Bergson); Hermenêutica (Ricoeur); Linguagem (Wittgenstein); e Analítica (Russel).	– Aula expositiva. – Leitura e interpretação de texto filosófico. – Exercícios para a aula.	– Marcador de quadro branco e apagador. – Texto da Coleção *Os Pensadores*.	Elaborar um resumo através da leitura de artigos e revistas especializadas sobre os filósofos citados. Critérios: (ver "leitura de periódico"); prazo: x dias; valor: x pontos.
Compreender a Filosofia da Bioética e da Mente e identificar seus principais pensadores.	7ª aula: A Filosofia hoje	– Entender as novas tendências em Filosofia: Bioética, Ensino de Filosofia e Filosofia da Mente; e reconhecer os filósofos: Singer, Chauí, Lipmam e Dennet.	– Aula expositiva. – Leitura e interpretação de texto filosófico. – Preparar a sala para o júri simulado.	– Marcador de quadro branco e apagador. – Texto da Coleção *Os Pensadores*.	Realizar um júri simulado sobre o tema "Aborto". Critérios: (ver "júri simulado"); duração: x tempos; valor: x pontos.
Verificar se o aluno reteve os conhecimentos do bimestre.	8ª aula: Prova bimestral	– Demonstrar retenção dos conteúdos estudados no 4º bimestre. – Ser capaz de realizar a prova objetiva (escrita).	– Fazer uma breve revisão dos conteúdos ensinados ao longo do 3º bimestre. – Aplicar as questões correlatas ao conteúdo ensinado no 4º bimestre.	– Folha de papel-ofício com as questões objetivas.	Realizar prova objetiva (escrita). Critérios: (ver "prova ou teste objetivo"); duração: x tempos; valor: x pontos.

Referências: (Cf. sugestões no final desta obra.)

4.2 Trabalhando com Áreas da Filosofia

As áreas da Filosofia são os campos de saber filosófico. Ao escolher este método, o professor, tal como na história da Filosofia, deve ter uma visão panorâmica da disciplina. E entender que essas áreas foram sendo constituídas e desenvolvidas não somente no início da Filosofia (na Grécia Antiga), mas ao longo dos séculos, através do trabalho dos próprios filósofos e historiadores da Filosofia. Assim, esse método de ensino trabalha com as principais ramificações da Filosofia, a saber:

1) Metafísica;
2) Lógica;
3) Teoria do Conhecimento;
4) Filosofia da Ciência;
5) Ética;
6) Política;
7) Estética;
8) Filosofia da linguagem.

Alguns autores ampliam essa divisão, acrescentando outros ramos, como a Filosofia da História e até a Filosofia Analítica, assim como a Filosofia da Educação e a Filosofia do Direito; entretanto, particularmente, prefiro não os considerar como campos autônomos da Filosofia, mas sim partes específicas dela. Ademais, trata-se de Ensino Médio e, por esse motivo, não há necessidade de trabalhar tais campos. Já a Filosofia da Linguagem tem a sua peculiaridade. O seu objeto de estudo está muito ligado à Lógica e parece uma subdivisão desta. Até o século passado não era reconhecida como independente. Contudo, há algum tempo é consenso entre os autores que a Filosofia da Linguagem conquistou sua autonomia no conhecimento filosófico.

Neste planejamento, arranjei as áreas conforme a afinidade. Por exemplo, a Metafísica está sendo lecionada no mesmo bimestre que a Lógica; já a Política, junto com a Ética. Incluí neste método o campo da "Cultura". Ela está ao lado da Estética. Embora a Cultura não se constitua uma área filosófica específica, penso que ela tem a sua importância, até porque é muito discutida em quase todos os campos da Filosofia. Também destaquei a Filosofia brasileira neste método de ensino. Penso que nossos alunos devem ter a oportunidade de aprender – pelo menos um pouco – sobre o desenvolvimento do pensamento brasileiro. E perceber que a tradição europeia não é a única do universo filosófico.

Vale lembrar que as respectivas áreas podem ser deslocadas de sua ordem ou até mesmo de período. A ordenação abaixo é apenas um modelo para orientação do trabalho do professor de Filosofia, não uma cartilha inflexível. Como venho afirmando, a ordenação vai depender da realidade e avaliação de cada profissional.

Tabela 2: Planejamento de Ensino Anual do Método Áreas da Filosofia

ESCOLA TÉCNICA FEDERAL ISAAC NEWTON	SÉRIE: 2º ano
NÍVEL / MODALIDADE: ENSINO MÉDIO / PROFISSIONALIZANTE	PROFESSOR: Walter Benjamim
DISCIPLINA: Filosofia	ANO LETIVO: 2009
TURMA: 2001, 2002 e 2003	

1º BIMESTRE (8 AULAS)
UNIDADE I: METAFÍSICA, ESTÉTICA E CULTURA

JUSTIFICATIVA:

* Considerando as Diretrizes Curriculares Nacionais, cujo artigo 10º (alínea b, § 2º), outorga à *Filosofia* o papel de disciplina transdisciplinar, este Planejamento de Ensino tem como **objetivo geral**: contribuir para a dignidade da pessoa humana e formar cidadãos conscientes, críticos e participativos.

Objetivos específicos	Conteúdos	Competências/ Habilidades	Desenvolvimento	Recursos	Avaliação
Compreender o surgimento da Filosofia e distinguir as áreas da Filosofia.	**1ª aula:** O surgimento da Filosofia	– Compreender o contexto geral (econômico, social, político, religioso e cultural) da Grécia Antiga para o surgimento da Filosofia. – Reconhecer e diferenciar as áreas da Filosofia.	– Sondagem dos alunos através de dinâmica(s) (ver "dinâmicas"). – Aula expositiva. – Observação do mapa da Grécia Antiga.	– Marcador de quadro branco e apagador. – Texto da Coleção *Os Pensadores*. – Mapa da Grécia Antiga.	Pesquisar na internet sobre "Mitologia Grega". Critério: (ver "pesquisa"); prazo: x dias; valor: x pontos.
Compreender o surgimento da Metafísica e identificar os seus principais filósofos.	**2ª aula:** O surgimento da Metafísica	– Associar o início da Filosofia com a própria Metafísica. – Correlacionar Metafísica e Ontologia. – Reconhecer, nesta seara, as filosofias de Parmênides, Heráclito, Platão e Aristóteles.	– Aula expositiva. – Leitura e interpretação de texto filosófico. – Exercícios para aula. – Observação do mapa da Grécia Antiga.	– Marcador de quadro branco e apagador. – Texto da Coleção *Os Pensadores*. – Mapa da Grécia Antiga.	Fazer exercícios para casa sobre o estudo da Metafísica. Critérios: (ver "exercícios"); prazo: x dias; valor: x pontos.
Compreender a evolução da Metafísica na história da Filosofia e identificar os seus principais filósofos.	**3ª aula:** O desenvolvimento da Metafísica	– Compreender o desenvolvimento da Metafísica na história da Filosofia (seu fim e seu reinício). – Reconhecer, nesta seara, as filosofias de T. Aquino, Hume, Kant e Heidegger.	– Aula expositiva. – Leitura e interpretação de texto filosófico. – Preparar os grupos para o seminário.	– Marcador de quadro branco e apagador. – Texto da Coleção *Os Pensadores*.	Apresentar um seminário sobre as "metafísicas" nos períodos antigo, medieval e moderno. Critérios: (ver "seminário"); duração: x tempos; valor: x pontos.

Objetivo	Aula	Conteúdo específico	Procedimentos	Recursos	Avaliação
Compreender o surgimento da Estética na história da Filosofia e identificar os seus principais filósofos.	4ª aula: O surgimento da Estética	– Compreender o contexto geral da Grécia Antiga e da Europa Moderna para o surgimento da Estética. – Distinguir a "arte" da "técnica". – Reconhecer, nesta seara, as filosofias de Platão, Aristóteles e Kant.	– Aula expositiva. – Leitura e interpretação de texto filosófico. – Observação dos mapas da Grécia Antiga e Europa Moderna. – Dividir os grupos e orientar a montagem do mural com os alunos.	– Marcador de quadro branco e apagador. – Texto da Coleção Os Pensadores. – Mapa da Grécia Antiga e da Europa Moderna. – Material para confecção do mural.	Confeccionar um mural ou painel sobre as metafísicas de Aristóteles, Platão e Kant. Critérios: (ver "confecção de mural"); prazo: x dias; valor: x pontos.
Compreender a evolução da Estética na história da Filosofia e identificar os seus principais filósofos.	5ª aula: O desenvolvimento da Estética	– Reconhecer os diferentes tipos de arte. – Reconhecer a função da arte. – Reconhecer a relação arte/homem/natureza/sociedade. – Reconhecer, nesta seara, as filosofias de Hegel e Benjamim.	– Aula expositiva. – Leitura e interpretação de texto filosófico. – Observação do mapa da Roma Antiga. – Preparar os grupos para a montagem da maquete.	– Marcador de quadro branco e apagador. – Texto da Coleção Os Pensadores. – Material necessário para as maquetes.	Construir maquetes sobre alguma arquitetura da Grécia Antiga. Critérios: (ver "maquete"); prazo: x dias; valor: x pontos.
Reconhecer a importância da Cultura, seu contexto cultural e suas formas de expressão.	6ª aula: A Cultura	– Reconhecer o valor da cultura para o homem e para o mundo. – Correlacionar arte, linguagem, valores e cultura. – Compreender o seu próprio contexto cultural (nacional/regional/local).	– Aula expositiva. – Leitura e interpretação de texto filosófico. – Preparar os grupos para a dramatização.	– Marcador de quadro branco e apagador. – Texto da Coleção Os Pensadores.	Realizar uma encenação sobre "A cultura brasileira". Critérios: (ver "encenação"); prazo: x tempos; valor: x pontos.
Ilustrar e reforçar o conteúdo lecionado no bimestre.	7ª aula: Exibição de filme	– Ampliar o conhecimento sobre o contexto na Grécia Antiga.	– Exibir o filme: Troia. Duração: x horas (pode ser exibido em duas aulas).	– Recurso audiovisual (aparelho de DVD ou similar).	Fazer um relatório com resenha sobre o filme. Critérios: (ver "exibição de filme"); prazo: x dias; valor: x pontos.
Verificar se o aluno reteve os conhecimentos do bimestre.	8ª aula: Prova bimestral	– Demonstrar retenção dos conteúdos estudados no 1º bimestre. – Ser capaz de realizar a prova objetiva (escrita).	– Fazer uma breve revisão dos conteúdos ensinados ao longo do 1º bimestre. – Aplicar as questões correlatas ao conteúdo ensinado no 1º bimestre.	– Folha de papel-ofício escrita com as questões objetivas.	Realizar prova objetiva escrita. Critérios: (ver "prova ou teste objetivo"); duração: x tempos; valor: x pontos.

2º BIMESTRE (8 AULAS)
UNIDADE II: TEORIA DO CONHECIMENTO E FILOSOFIA DA CIÊNCIA

Objetivos específicos	Conteúdos	Competências/ Habilidades	Desenvolvimento	Recursos	Avaliação
Compreender o conhecimento como forma de apreender o mundo; e compreender o "conhecimento" no contexto grego.	**1ª aula:** O conhecimento (Epistemologia)	– Reconhecer a origem e a importância do conhecimento. – Distinguir a Filosofia dos conhecimentos míticos e do senso comum. – Entender, nesta seara, as filosofias dos principais pré-socráticos.	– Aula expositiva. – Leitura e interpretação de texto filosófico. – Observação do mapa da Grécia Antiga. – Exercícios para aula.	– Marcador de quadro branco e apagador. – Texto da Coleção Os Pensadores. – Mapa da Grécia Antiga.	Pesquisar, na biblioteca da escola, sobre "Mitologia Grega". Critérios: (ver "pesquisa"); prazo: x dias; valor: x pontos.
Compreender o desdobramento da Teoria do Conhecimento nos períodos antigo e medieval e identificar os seus principais filósofos.	**2ª aula:** A evolução da Teoria do Conhecimento	– Entender, nesta seara, as filosofias dos sofistas, de Sócrates, Platão e Aristóteles. – Entender, nesta seara, a Filosofia e a Teologia, identificando os filósofos Agostinho e Tomás de Aquino.	– Aula expositiva. – Leitura e interpretação de texto filosófico. – Observação do mapa. – Entregar as perguntas para a entrevista.	– Marcador de quadro branco e apagador. – Texto da Coleção Os Pensadores. – Mapa da Europa Medieval. – Folha de papel-ofício com as questões dirigidas.	Entrevistar um padre ou um teólogo sobre: "Santo Agostinho e sua filosofia". Critério: (ver "entrevista"); prazo: x dias; valor: x pontos.
Compreender os principais problemas do conhecimento no Período Moderno e identificar os seus principais filósofos.	**3ª aula:** Problemas na Teoria do Conhecimento	– Entender a questão do Conhecimento na Modernidade, enfocando o Racionalismo, o Empirismo e o Criticismo. – Reconhecer, nesta seara, as filosofias de F. Bacon, Descartes, Locke e Kant.	– Aula expositiva. – Leitura e interpretação de texto filosófico. – Dividir os grupos e orientar a montagem do mural com os alunos.	– Marcador de quadro branco e apagador. – Texto da Coleção Os Pensadores. – Todo o material para confecção de mural.	Confeccionar um mural ou painel das respectivas doutrinas: Racionalismo, Empirismo e Criticismo. Critérios: (ver "confecção de mural"); prazo: x dias; valor: x pontos.
Compreender as principais doutrinas da Teoria do Conhecimento no Período Contemporâneo e identificar os seus principais pensadores.	**4ª aula:** A Teoria do Conhecimento Contemporânea	– Entender, nesta seara, a filosofia de Husserl (Fenomenologia). – Entender o pensamento de Freud (Psicanálise).	– Aula expositiva. – Leitura e interpretação de texto filosófico. – Acessar sites de Filosofia.	– Notebook ou computador com acesso à internet (na escola).	Pesquisar, na internet, sobre "Psicanálise". Critérios: (ver "aula informatizada"); prazo: x dias; valor: x pontos.

Compreender a metodologia da ciência, reconhecer as revoluções científicas da Idade Moderna; e identificar os seus principais cientistas.	**5ª aula:** A Epistemologia como Filosofia da Ciência	– Entender o método científico. – Correlacionar o papel da Filosofia frente a ciência. – Entender as principais transformações científicas desde a Antiguidade até a Modernidade; e reconhecer, nesta seara, a ciência de Aristóteles, Ptolomeu, Arquimedes, Copérnico, Galileu e Newton.	– Aula expositiva. – Leitura e interpretação de texto filosófico. – Preparar a sala para o teste escrito.	– Marcador de quadro branco e apagador. – Texto da Coleção *Os Pensadores*. – Folha de papel-ofício com as questões objetivas redigidas.	Realizar um teste objetivo sobre o conteúdo lecionado nesta aula. Critérios: (ver "prova ou teste objetivo"); duração: x tempos; valor: x pontos.
Identificar as transformações científicas da Idade Contemporânea e identificar os seus principais cientistas e filósofos.	**6ª aula:** Transformações na Ciência e problemas atuais na Filosofia da Ciência	– Entender o Cientificismo e o Positivismo (Comte). – Entender as principais transformações científicas na Idade Contemporânea, identificando as novas áreas da ciência. – Reconhecer, nesta seara, os cientistas renomados como: Darwin, Bohr e Einstein; e filósofos renomados como: Popper, Bachelard, Khun e Foucault.	– Mostrar as gravuras das áreas da Ciência. – Preparar o auditório para o palestrante.	– Gravuras ou ilustrações de feitos científicos. – Amplificador e microfone (o resto fica ao encargo do palestrante).	Assistir a palestra sobre a "Ciência do século XX". Alunos: redigir um relatório. Critérios: (ver "palestra"); prazo: x dias; valor: x pontos.
Ilustrar e reforçar o conteúdo lecionado no bimestre.	**7ª aula:** Exibição de filme	– Amplificar o conhecimento sobre a relação entre ficção e realidade.	– Exibir o filme *Matrix*. Duração: x horas (pode ser exibido em duas aulas).	– Recurso audiovisual (aparelho de DVD ou similar).	Fazer um resumo (relatório) com resenha sobre o filme. Critérios: (ver "exibição de filme"); prazo: x dias; valor: x pontos.
Verificar se o aluno reteve os conhecimentos do bimestre.	**8ª aula:** Prova bimestral	– Demonstrar retenção dos conteúdos estudados no 2º bimestre.	– Fazer uma breve revisão dos conteúdos ensinados ao longo do 2º bimestre. – Aplicar as questões correlatas ao conteúdo ensinado no 2º bimestre.	– Folha de papel-ofício escrita com as questões objetivas.	Realizar prova objetiva escrita. Critérios: (ver "prova ou teste objetivos"); duração: x tempos; valor: x pontos.

3º BIMESTRE (8 AULAS)
UNIDADE III: ÉTICA E POLÍTICA

Objetivos específicos	Conteúdos	Competências/ Habilidades	Desenvolvimento	Recursos	Avaliação
Reconhecer a importância da Ética na sociedade; compreender seu início e identificar seus principais filósofos.	**1ª aula:** O surgimento da Ética ou da Filosofia Moral	– Distinguir Ética de Moral. – Compreender o início da Ética no contexto grego. – Reconhecer, nesta seara, as filosofias de Aristóteles, Platão, Epicuro e Zenão de Cítio.	– Aula expositiva. – Leitura e interpretação de texto filosófico. – Observação do mapa da Grécia Antiga.	– Marcador de quadro branco e apagador. – Texto da Coleção Os Pensadores. – Mapa da Grécia Antiga.	Resumir e comentar a obra *Ética a Nicômaco* (Aristóteles). Critérios: (ver "resumo e resenha de texto"); prazo: x semanas; valor: x pontos.
Compreender o progresso da Filosofia Moral nas Idades Média e Moderna e identificar seus principais filósofos.	**2ª aula:** A evolução da Ética	– Compreender a questão da Ética nos períodos Medieval e Moderno. – Reconhecer, nesta seara, o cristianismo (medieval) e as filosofias de Espinosa, Hume e Kant.	– Aula expositiva. – Leitura e interpretação de texto filosófico. – Preparar a sala para a dinâmica (ver "dinâmica").	– Marcador de quadro branco e apagador. – Texto da Coleção Os Pensadores. – Material da dinâmica (se necessário).	Realizar uma arguição (através de dinâmica) sobre a filosofia moral de Kant. Critérios: (ver "arguição"); duração: x tempos; valor: x pontos.
Compreender os problemas de Filosofia Moral no mundo contemporâneo e identificar seus principais filósofos.	**3ª aula:** A Ética hoje	– Entender a questão da ética no Período Contemporâneo. – Reconhecer, nesta seara, as filosofias de Bentham (Utilitarismo), Dewey (Pragmatismo), Nietzsche (Transvaloração dos valores) e Sartre (Existencialismo). – Reconhecer o papel da Bioética (filosofia de Singer) e o papel da Unesco.	– Aula expositiva. – Leitura e interpretação de texto filosófico. – Entregar a(s) questão (ões) da dissertação.	– Marcador de quadro branco e apagador. – Texto da Coleção Os Pensadores.	Elaborar uma redação dissertativa sobre o texto *Vontade de potência* (Nietzsche). Critérios: (ver "redação dissertativa"); duração: x tempos; valor: x pontos.

Reconhecer a importância da Política na sociedade; compreender seu início na Grécia e identificar seus principais filósofos.	**4ª aula:** O surgimento da Filosofia Política	– Compreender todo o contexto histórico da Política na Grécia Antiga. – Reconhecer, nesta seara, as filosofias de Aristóteles e Platão. – Distinguir os regimes políticos e formas de governo.	– Aula expositiva. – Leitura e interpretação de texto filosófico. – Observar o mapa da Grécia Antiga. – Preparar as duplas para escutar a música.	– Marcador de quadro branco e apagador. – Texto da Coleção *Os Pensadores*. – Mapa da Grécia Antiga. – Recurso de áudio (aparelho de CD ou similar).	Escutar e interpretar letra de música sobre Política Contemporânea (na sala). Critérios: (ver "audição de música"); duração: x tempos; valor: x pontos.
Compreender o desenvolvimento da Filosofia Política nas idades Medieval e Moderna.	**5ª aula:** A evolução da Política	– Compreender o contexto político e socioeconômico dos períodos Medieval e Moderno. – Reconhecer, nesta seara, as filosofias de Maquiavel, Locke, Bossuet, Hobbes e Rousseau.	– Aula expositiva. – Leitura e interpretação de texto filosófico. – Preparar sala de aula para o teste escrito.	– Marcador de quadro branco e apagador. – Texto da Coleção *Os Pensadores*. – Folha de papel-ofício com as questões objetivas.	Realizar um teste objetivo sobre o conteúdo estudado nesta aula. Critérios: (ver "prova ou teste objetivo"); duração: x tempos; valor: x pontos.
Compreender as principais características da Política Contemporânea, identificar seus principais pensadores e praticar a cidadania.	**6ª aula:** A Política atual	– Compreender o contexto político e socioeconômico do mundo contemporâneo. – Entender, nesta seara, a filosofia do Liberalismo (Smith); Socialismo (Marx) e do Totalitarismo (Nazifascismo).	– Aula expositiva. – Leitura e interpretação de texto filosófico. – Preparar a sala de aula para o debate.	– Marcador de quadro branco e apagador. – Texto da Coleção *Os Pensadores*.	Realizar um debate cujo tema seja: "O nazismo". Critérios: (ver "debate"); duração: x tempos; valor: x pontos.
Ilustrar o conteúdo lecionado no bimestre.	**7ª aula:** Passeio-aula (programado)	– Ampliar o conhecimento sobre Ética e Política, bem como incentivar a sua prática.	– Visitar um museu ou exposição que mostre a relação de dominação política em determinada época e lugar. Duração: um turno inteiro (pode ser estendido).	– Ônibus (previamente programado) com autorização dos responsáveis.	Fazer um relatório sobre a visitação. Critérios: (ver "passeio-aula"); prazo: x dias; valor: x pontos.
Verificar se o aluno reteve os conhecimentos do bimestre.	**8ª aula:** Prova bimestral	– Demonstrar retenção dos conteúdos estudados no 3º bimestre. – Ser capaz de realizar a prova objetiva (escrita).	– Fazer uma breve revisão (se necessária). – Aplicar as questões correlatas ao conteúdo ensinado no 3º bimestre.	– Folha de papel-ofício com as questões objetivas.	Realizar prova objetiva escrita. Critérios: (ver "prova ou teste objetivo"); duração: x tempos; valor: x pontos.

4º BIMESTRE (8 AULAS)
UNIDADE IV: LÓGICA, FILOSOFIA DA LINGUAGEM E FILOSOFIA BRASILEIRA

Objetivos específicos	Conteúdos	Competências/Habilidades	Desenvolvimento	Recursos	Avaliação
Compreender o surgimento da Lógica, sua importância na Filosofia, e identificar seus principais filósofos.	**1ª aula:** O surgimento da Lógica	– Compreender o contexto filosófico para o início da Lógica, na Grécia Antiga. – Correlacionar pensamento/lógica/conhecimento. – Reconhecer, nesta seara, as filosofias de Parmênides, Heráclito e de Platão. – Compreender o problema da "verdade" em Filosofia.	– Aula expositiva. – Leitura e interpretação de texto filosófico. – Observar o mapa da Grécia Antiga. – Acessar sites de Filosofia.	– Notebook ou computadores com acesso à internet (na escola). – Mapa da Grécia Antiga.	Pesquisar sobre "Neopositivismo" na internet, na sala de informática da escola. Critérios: (ver "aula informatizada"); duração: x tempos; valor: x pontos.
Compreender os principais sistemas lógicos da Filosofia e identificar os seus principais filósofos.	**2ª aula:** O desenvolvimento da Lógica	– Entender a lógica formal ou aristotélica e reconhecer sua importância para o progresso da Filosofia. – Entender a Lógica Matemática e identificar, nessa seara, a filosofia de Russel, Whitehead e Frege.	– Aula expositiva. – Leitura e interpretação de texto filosófico. – Preparar o ambiente para o seminário.	– Marcador de quadro branco e apagador. – Texto da Coleção Os Pensadores.	Realizar um seminário sobbre as lógicas aristotélica e matemática. Critérios: (ver "seminário"); duração: x tempos; valor: x pontos.
Compreender a importância da Linguagem e identificar seu principal filósofo.	**3ª aula:** A Filosofia da Linguagem	– Reconhecer a origem e o valor da Linguagem. – Distinguir os diversos tipos de linguagem. – Compreender o contexto do surgimento da Filosofia da Linguagem. – Reconhecer, nessa seara, os pontos prinipais da filosofia de Wittgenstein, Jacques Derrida, Noam Chomsky e Ferdinand de Saussure.	– Aula expositiva. – Leitura e interpretação de texto filosófico. – Preparar o espaço para a dramatização.	– Marcador de quadro branco e apagador. – Texto da Coleção Os Pensadores. – Indumentária dos dias atuais.	Realizar uma encenação sobre a linguagem corporal (libras). Critério: (ver "encenação"); duração: x tempos; valor: x pontos.
Compreender o surgimento e evolução da Filosofia no Brasil e identificar os seus principais pensadores.	**4ª aula:** A Filosofia no Brasil	– Compreender todo o contexto (social, econômico, político, cultural e religioso) do Brasil no século XIX. – Reconhecer os pontos principais da filosofia de Farias Brito, Vieira Pinto e Miguel Reale.	– Aula expositiva. – Leitura e interpretação de texto filosófico. – Observação do mapa do Brasil. – Entrega a (s) questão (ões) para a dissertação.	– Marcador de quadro branco e apagador. – Texto da obra Filosofia brasileira. – Mapa do Brasil Contemporâneo.	Elaborar uma redação dissertativa sobre um capítulo da obra Filosofia brasileira (Luiz Cerqueira). Critérios: (ver "redação dissertativa"); duração: x tempos; valor: x pontos.

Reconhecer a importância da Filosofa brasileira e identificar seus principais filósofos.	**5ª aula:** A Filosofia brasileira	– Compreender o contexto atual brasileiro (político, econômico, social, cultural e religioso). – Reconhecer, nessa seara, os atuais filósofos e suas contribuições (Chauí, Boff, Pegoraro, Valls etc.).	– Aula expositiva. – Leitura e interpretação de texto filosófico. – Exercícios para a aula.	– Marcador de quadro branco e apagador. – Obra: *Filosofia brasileira* (Luiz Cerqueira).	Realizar um seminário sobre "Filósofos brasileiros". Critérios: (ver "seminário"); duração: x tempos; valor: x pontos.
Correlacionar o estudo da Filosofia com as demais áreas ou conhecimentos afins.	**6ª aula:** A Filosofia e as disciplinas afins	– Entender a correlação entre a Filosofia, a Sociologia, a História, o Direito e a Educação. – Reconhecer, nessa seara, o pensamento de Marx (Sociologia), Hegel (História), Reale (Direito) e Piaget (Educação).	– Aula expositiva. – Leitura e interpretação de texto filosófico. – Preparar o ambiente para o júri simulado.	– Marcador de quadro branco e apagador. – Texto da Coleção *Os Pensadores*.	Realizar um júri simulado cujo tema seja: "Cidadania no Brasil". Critérios: (ver "júri simulado"); duração: x tempos; valor: x pontos.
Identificar a importância da Filosofia para a prática da cidadania.	**7ª aula:** Culminância do Projeto Interdisciplinar: "Valores morais individuais e sociais"	– Reconhecer o valor da ética na vida pessoal, familiar, social e do trabalho. – Refletir sobre seu próprio comportamento (em todos os ambientes). – Praticar a conduta ética no seu cotidiano.	– Preparar o espaço para o ápice do projeto. – Auxiliar os alunos e colegas professores no projeto (ver o item: "elaborando projetos pedagógicos em Filosofia").	– Todo o material necessário para a realização do projeto: som, trabalhos, expositores etc.	a) Trazer um filósofo para falar sobre: "A Filosofia para adolescentes". b) Exibir painéis (trabalhos em grupo) sobre "Filosofia no Brasil". Critérios: (ver "palestra" e "mural"); duração: x tempos; valor: x pontos.
Verificar se o aluno reteve os conhecimentos do bimestre.	**8ª aula:** Prova bimestral	– Demonstrar retenção dos conteúdos estudados no 4º bimestre. – Ser capaz de realizar a prova objetiva (escrita).	– Fazer uma breve revisão dos conteúdos ensinados ao longo do 4º bimestre. – Aplicar as questões correlatas ao conteúdo ensinado no 4º bimestre.	– Folha de papel-ofício com as questões objetivas.	Realizar prova objetiva escrita. Critérios: (ver "prova ou teste objetivo"); duração: x tempos; valor: x pontos.

Referências: (Cf. sugestões ao final desta obra.)

4.3 Trabalhando com os Filósofos e suas obras

Este método também poderia ser intitulado "Grandes mestres da Filosofia". Ensinando Filosofia através dos filósofos e de suas respectivas obras, o professor deverá ser bastante criterioso, haja vista que são centenas de filósofos. E, provavelmente, não será possível ensinar sobre todos. Assim, concentre seu furor pedagógico para os principais pensadores: os filósofos clássicos. Aliás, como venho afirmando, o professor deve ter em mente que está lecionando para o Ensino Médio e não para a graduação. É claro que vai depender do conteúdo e objetivo que o professor quer focar. Por exemplo, o docente pretente lecionar sobre o Empirismo, porém lhe falta tempo, pode então trabalhar o conceito apenas em Locke e Hume e dispensar Bacon e Berkeley.

O que não pode ocorrer – o que é muito comum nas universidades – é a supervalorização de um filósofo cujo docente é especialista. Por exemplo, se o professor tem só um bimestre para falar dos filósofos modernos, então tenha cuidado para não se prolongar nos filósofos do Movimento Iluminista. Da mesma forma, cuidado para não detalhar a biografia dos filósofos, digo, apenas deve-se mencionar aquilo que é importante para o seu entendimento. Se o profissional acha que isso é importante, então deve procurar destacar os pontos cuja vida está atrelada à sua filosofia e obra.

Naturalmente, não é necessário descrever e discutir todas as obras dos principais filósofos. Bastam as principais, isto é, as clássicas do autor. Ainda assim, caso não tenha tempo (e não terá mesmo!), sendo possível, divida a apreciação dessas obras para os anos seguintes. A leitura destes filósofos pode ser enriquecida com textos de comentadores. E ainda: aproveite para mencionar os filósofos brasileiros e sua contribuição para a cultura e filosofia de nosso país.

O *Dicionário de Filósofos* (cf. Referências) nos apresenta, melhor dizendo, nos disponibiliza mais de cento e setenta filósofos. A Coleção *Os Pensadores*, por sua vez, deixa-nos algumas dezenas deles para serem trabalhados com nossos alunos. Se o método enfatiza o pensamento e obra dos filósofos, acredito que, se o professor conseguir apresentar os clássicos, já fez um bom trabalho!

E quanto à leitura das suas obras, procure selecionar as de fácil entendimento, pois a maioria dos adolescentes (como não gostam de leitura, muito menos filosófica) vai rejeitar os filósofos tediosos. Se tiver que os ler, com certeza, não será por prazer, mas por interesse dos preciosos "pontos" para compor a média final. Outra consideração importante: procure, na medida do possível, trazer as obras para sala de aula, a fim de que os alunos se familiarizem com seus escritos. Lembre-se: só passamos a desgostar ou gostar de algo a partir do momento que o conhecemos.

Particularmente, acho esse método bastante interessante e proveitoso, até porque, se não fossem os filósofos, o que seria da Filosofia? Vejamos, a seguir, o método em questão.

Tabela 3: Planejamento de Ensino Anual do Método Filósofos e suas Obras

INSTITUTO DE EDUCAÇÃO JEAN PIAGET
NÍVEL / MODALIDADE: ENSINO MÉDIO / NORMAL (MAGISTÉRIO)
DISCIPLINA: Filosofia
TURMA: 3001, 3002 e 3003

SÉRIE: 3º ano
PROFESSOR: Farias Brito
ANO LETIVO: 2010

1º BIMESTRE (8 AULAS)
UNIDADE I: FILÓSOFOS DA IDADE ANTIGA (DOS PRÉ-SOCRÁTICOS ATÉ 476 d.C.)

JUSTIFICATIVA:

* Considerando o Estatuto da Criança e do Adolescente, cujo artigo 53 (*caput*) assegura ao adolescente o direito à educação, visando ao pleno desenvolvimento de sua pessoa, o preparo para o exercício da cidadania e qualificação para o trabalho; este Planejamento de Ensino tem como *objetivo geral*: contribuir para a dignidade da pessoa humana e formar cidadãos conscientes, críticos e participativos.

Objetivos específicos	Conteúdos	Competências/Habilidades	Desenvolvimento	Recursos	Avaliação
Compreender a filosofia dos primeiros pensadores e identificar suas principais obras.	**1ª aula:** Pré-socráticos	– Compreender (sumariamente) o contexto (político, social, econômico e cultural) na Grécia Antiga. – Reconhecer (sumariamente) as filosofias de Tales, Anaximandro, Anaxágoras, Anaxímenes, Heráclito, Parmênides, Pitágoras, Empédocles, Demócrito e Leucipo.	– Sondagem dos alunos através de dinâmica(s) (ver "dinâmica"). – Aula expositiva. – Observação do mapa da Grécia Antiga.	– Marcador de quadro branco e apagador. – Textos da Coleção *Os Pensadores*. – Mapa da Grécia Antiga.	Pesquisar, na internet, sobre "A Escola Jônica". Critério: (ver "pesquisa"); prazo: x dias; valor: x pontos.
Compreender a filosofia da sofística e de Sócrates e identificar suas principais obras.	**2ª aula:** Sócrates e sofistas	– Entender o pensamento do Sofismo e reconhecer, nessa seara, os pensamentos de Protágoras, Górgias e Hípias. – Entender a filosofia de Sócrates, sobretudo através da obra *Apologia de Sócrates* (Platão).	– Aula expositiva. – Leitura e interpretação de texto filosófico. – Exercícios para aula.	– Marcador de quadro branco e apagador. – Textos da Coleção *Os Pensadores*.	Exercícios para casa sobre a filosofia socrática. Critérios: (ver "exercícios"); prazo: x dias; valor: x pontos.
Compreender a filosofia platônica e identificar suas principais obras.	**3ª aula:** Platão	– Entender os pontos essenciais da filosofia de Platão, através de suas principais obras, contidas na Coleção *Os Pensadores*.	– Aula expositiva. – Leitura e interpretação de texto filosófico.	– Marcador de quadro branco e apagador. – Texto da Coleção *Os Pensadores*.	Realizar um teste objetivo sobre o conteúdo estudado nesta aula. Critérios: (ver "prova ou teste objetivo"); duração: x tempos; valor: x pontos.

66

Compreender a filosofia aristotélica e identificar suas principais obras.	**4ª aula:** Aristóteles	– Entender os pontos essenciais da filosofia de Aristóteles, através de suas principais obras, contidas na Coleção *Os Pensadores*.	– Aula expositiva. – Leitura e interpretação de texto filosófico. – Dividir os grupos e orientar a montagem do mural com os alunos.	– Marcador de quadro branco e apagador. – Texto da Coleção *Os Pensadores*. – Todo material para confecção do mural.	Confeccionar um mural ou painel sobre "As filosofias de Platão e Aristóteles". Critérios: (ver "confecção de mural"); prazo: x dias; valor: x pontos.
Compreender a filosofia dos principais pensadores gregos e identificar suas principais obras.	**5ª aula:** Filósofos do Período Helenístico	– Entender os pontos essenciais das filosofias do Helenismo, a saber: Epicurismo (Epicuro), Estoicismo (Zenão de Cítio), Ceticismo (Pirro) e o Cinismo (Antístenes). – Reconhecer os escritos destes filósofos na obra *Os Pensadores*.	– Aula expositiva. – Leitura e interpretação de texto filosófico. – Observação do mapa da Europa Antiga. – Preparar os grupos para o seminário.	– Marcador de quadro branco e apagador. – Texto da Coleção *Os Pensadores*. – Mapa da Europa Antiga.	Realizar um seminário sobre as "Filosofias do período helenístico". Critérios: (ver "seminário"); duração: x tempos; valor: x pontos.
Compreender a filosofia dos principais pensadores romanos e identificar suas principais obras.	**6ª aula:** Filósofos Romanos	– Entender os pontos essenciais da filosofia romana. – Entender as filosofias de Epicteto, Cícero, Sêneca e Marco Aurélio. – Reconhecer os escritos destes filósofos na obra *Os Pensadores*.	– Aula expositiva. – Leitura e interpretação de texto filosófico. – Observação do mapa da Roma Antiga. – Preparar os grupos para a dramatização.	– Marcador de quadro branco e apagador. – Texto da Coleção *Os Pensadores*. – Mapa da Roma Antiga.	Realizar uma encenação sobre: "A filosofia em Roma". Critérios: (ver "encenação"); duração: x tempos; valor: x pontos.
Ilustrar e reforçar o conteúdo lecionado no bimestre.	**7ª aula:** Exibição de filme	– Ampliar o conhecimento sobre o Período Helênico.	– Exibir o filme *Alexandre, O Grande*. Duração: 3 horas (pode ser exibido em duas aulas).	– Recurso audiovisual (aparelho de DVD ou similar).	Fazer um relatório com resenha sobre o filme. Critérios: (ver "exibição de filme"); prazo: x dias; valor: x pontos.
Verificar se o aluno reteve os conhecimentos do bimestre.	**8ª aula:** Prova bimestral	– Demonstrar retenção dos conteúdos estudados no 1º bimestre.	– Fazer uma breve revisão dos conteúdos ensinados ao longo do 1º bimestre; – Aplicar as questões correlatas ao conteúdo ensinado no 1º bimestre.	– Folha de papel-ofício com as questões objetivas.	Realizar prova objetiva escrita. Critérios: (ver "prova ou teste objetivo"); duração: x tempos; valor: x pontos.

2º BIMESTRE (8 AULAS)
UNIDADE II: FILÓSOFOS DA IDADE MÉDIA (DE 476 ATÉ 1453) E MODERNA (DE 1453 ATÉ 1789).

Objetivos específicos	Conteúdos	Competências/Habilidades	Desenvolvimento	Recursos	Avaliação
Compreender a filosofia dos pensadores do início da Era Cristã e identificar suas principais obras.	**1ª aula:** Filósofos do início da Era Cristã	– Compreender (sumariamente) o contexto (político, social, econômico, cultural e religioso) da transição entre Idade Antiga e Média. – Entender a filosofia de Plotino e Boécio, através de suas obras ou comentadores. – Entender a Filosofia Patrística, através de Agostinho e suas obras, contidas na Coleção *Os Pensadores*.	– Aula expositiva. – Leitura e interpretação de texto filosófico. – Observação no mapa da Grécia Antiga. – Dividir os grupos e organizar os alunos para a montagem do mural.	– Marcador de quadro branco e apagador. – Texto da Coleção *Os Pensadores*. – Mapas da Grécia Antiga e da Europa Medieval. – Todo o material para confecção de mural.	Confeccionar um mural ou painel sobre "O platonismo x neoplatonismo". Critérios: (ver "confecção de mural"); prazo: x dias; valor: x pontos.
Compreender a Filosofia Escolástica e identificar seus principais filósofos e obras.	**2ª aula:** Filósofos cristãos	– Entender a Filosofia Escolástica de Tomás de Aquino, Anselmo e Alberto Magno, através de suas obras contidas na Coleção *Os Pensadores*.	– Aula expositiva. – Leitura e interpretação de texto filosófico. – Exercícios para a aula.	– Notebook ou computador com acesso à internet (na escola).	Pesquisar, na internet, sobre "O tomismo e o neotomismo". Critérios: (ver "aula informatizada"); duração: x tempos; valor: x pontos.
Compreender a filosofia judaica e islâmica e identificar seus principais filósofos e obras.	**3ª aula:** Filósofos judeus e islâmicos	– Entender os pontos principais das filosofias de Maimônides, Avicena e Averróis, através de suas obras ou comentadores.	– Aula expositiva. – Leitura e interpretação de texto filosófico. – Observação do mapa da Europa Medieval. – Entregar as perguntas para a entrevista.	– Marcador de quadro branco e apagador. – Mapas da Europa e do Oriente Médio. – Textos de comentadores dos filósofos citados. – Folha de papel-ofício com as questões dirigidas.	Entrevistar um muçulmano sobre: "A filosofia islâmica". Critério: (ver "entrevista"); prazo x dias; valor: x pontos.

Compreender a filosofia racionalista e identificar seus principais filósofos e obras.	**4ª aula:** Filósofos do Racionalismo	– Compreender o contexto (político, social, econômico, cultural e religioso) de transição entre as idades Média e Moderna. – Entender, nesta seara, a filosofia de Descartes, Leibniz e Espinosa, através de suas obras contidas na Coleção *Os Pensadores*.	– Aula expositiva. – Leitura e interpretação de texto filosófico. – Exercícios para casa.	– Marcador de quadro branco e apagador. – Texto da Coleção *Os Pensadores*. – Acervo da biblioteca.	Pesquisar, na biblioteca da escola, sobre "O Racionalismo de Descartes". Critérios: (ver "pesquisa"); prazo: x dias; valor: x pontos.
Compreender a filosofia empirista e identificar seus principais filósofos e obras.	**5ª aula:** Filósofos do Empirismo	– Entender, nesta seara, a filosofia de F. Bacon, Locke e Hume, através de suas obras contidas na Coleção *Os Pensadores*.	– Aula expositiva. – Leitura e interpretação de texto filosófico. – Preparar a sala de aula para o teste escrito.	– Marcador de quadro branco e apagador. – Texto da Coleção *Os Pensadores*. – Folha de papel-ofício com as questões objetivas.	Realizar um teste objetivo sobre o conteúdo estudado nesta aula. Critérios: (ver "prova ou teste objetivo"); duração: x tempos; valor: x pontos.
Compreender a filosofia kantiana e identificar suas principais obras.	**6ª aula:** A Filosofia de Kant	– Entender a filosofia de Kant (sobretudo a Teoria do Conhecimento e a Ética), através de suas obras (ou comentadores).	– Aula expositiva. – Leitura e interpretação de texto filosófico. – Preparar o ambiente para o palestrante.	– Marcador de quadro branco e apagador. – Texto da Coleção *Os Pensadores*.	Assistir uma palestra sobre "A filosofia kantiana". Preparar um relatório. Critérios (ver "palestra"); duração: x tempos; valor: x pontos.
Ilustrar e reforçar o conteúdo lecionado no bimestre.	**7ª aula:** Exibição de Filme	– Ampliar o conhecimento sobre a influência da Igreja Romana na Idade Média.	– Exibir o filme: *Em nome da Rosa*. Duração: x horas; (pode ser exibido em duas aulas).	– Aparelho audiovisual (DVD player ou similar).	Fazer um resumo (relatório) com resenha sobre o filme. Critérios: (ver "exibição de filme"); prazo: x dias; valor: x pontos.
Verificar se o aluno reteve os conhecimentos do bimestre.	**8ª aula:** Prova bimestral	– Demonstrar retenção dos conteúdos estudados no 2º bimestre. – Ser capaz de realizar a prova objetiva (escrita).	– Fazer uma breve revisão dos conteúdos ensinados no 2º bimestre. – Aplicar as questões correlatas ao conteúdo ensinado no 2º bimestre.	– Folha de papel-ofício com as questões objetivas.	Realizar prova objetiva escrita. Critérios: (ver "prova ou teste objetivos"); duração: x tempos; valor: x pontos.

UNIDADE III: FILÓSOFOS DA IDADE MODERNA (DE 1453 ATÉ 1789) E DA IDADE CONTEMPORÂNEA (DE 1789 ATÉ OS DIAS ATUAIS)
3º BIMESTRE (8 AULAS)

Objetivos específicos	Conteúdos	Competências/Habilidades	Desenvolvimento	Recursos	Avaliação
Compreender a Filosofia iluminista e identificar seus principais filósofos e obras.	**1ª aula:** Filósofos do Iluminismo	– Compreender o contexto (político, econômico, social, cultural e religioso) da transição entre as idades Moderna e Contemporânea. – Entender, nesta seara, as filosofias de Rousseau, Voltaire, Diderot e d'Alembert, através de suas obras, contidas na Coleção *Os Pensadores*.	– Aula expositiva. – Leitura e interpretação de texto filosófico. – Observação do mapa da Europa Contemporânea.	– Marcador de quadro branco e apagador. – Texto da Coleção *Os Pensadores*. – Mapa da Europa Contemporânea.	Resumir e comentar a obra *Discurso sobre a desigualdade* (Rousseau). Critérios: (ver "resumo e resenha de texto"); prazo: x semanas; valor: x pontos.
Compreender a Filosofia da Ciência Contemporânea e identificar seus principais filósofos e obras.	**2ª aula:** Filósofos da Ciência	– Entender, nesta seara, as filosofias de Galileu, Comte, Popper, Kuhn e Koyré, através de suas obras contidas na Coleção *Os Pensadores*.	– Aula expositiva. – Leitura e interpretação de texto filosófico. – Preparar a sala para a dinâmica (ver "dinâmica").	– Marcador de quadro branco e apagador. – Texto da Coleção *Os Pensadores*. – Material da dinâmica (se necessário).	Realizar uma arguição (através de dinâmica) sobre: "A filosofia de Popper e Khun". Critérios: (ver "arguição"); duração: x tempos; valor: x pontos.
Compreender a Filosofia Idealista e identificar seus principais filósofos e obras.	**3ª aula:** Filósofos do Idealismo	– Entender, nesta seara, as filosofias de Hegel, Schelling e Fichte, através de suas obras, contidas na Coleção *Os Pensadores*.	– Aula expositiva. – Leitura e interpretação de texto filosófico. – Entregar a(s) questão(ões) da dissertação.	– Marcador de quadro branco e apagador. – Texto da Coleção *Os Pensadores*.	Elaborar uma redação dissertativa sobre: "O idealismo de Hegel". Critérios: (ver "redação dissertativa"); duração: x tempos; valor: x pontos.
Compreender a Filosofia Marxista e identificar seus principais filósofos e obras.	**4ª aula:** Filósofos marxistas	– Entender, nesta seara, as filosofias de Marx/Engels, da Escola de Frankfurt e de Gramsci, através de suas obras, contidas na Coleção *Os Pensadores*.	– Aula expositiva. – Leitura e interpretação de texto filosófico. – Preparar as duplas para escutar a música.	– Marcador de quadro branco e apagador. – Texto da Coleção *Os Pensadores*. – Recurso de áudio (aparelho de CD ou similar).	Escutar e interpretar letra de música sobre "Desigualdade social" (na sala). Critérios: (ver "audição de música"); duração: x tempos; valor: x pontos.

Compreender a Filosofia Política Moderna e Contemporânea e identificar seus principais filósofos e obras.	**5ª aula:** Filósofos da Política	– Entender, nesta seara, as filosofias de Maquiavel, Hobbes, Montesquieu e Arendt, através de suas obras, contidas na Coleção *Os Pensadores*.	– Aula expositiva. – Leitura e interpretação de texto filosófico. – Preparar o ambiente para o debate.	– Marcador de quadro branco e apagador. – Texto da Coleção *Os Pensadores*.	Realizar um debate sobre o tema: "República x Monarquia". Critérios: (ver "debate"); duração: x tempos; valor: x pontos.
Compreender as filosofias da Moral Contemporânea e identificar seus principais filósofos e obras.	**6ª aula:** Filósofos da Moral	– Entender, nesta seara, as filosofias de Kierkegaard, Nietzsche, Bentham, Sartre e Marcel, através de suas obras, contidas na Coleção *Os Pensadores*.	– Aula expositiva. – Leitura e interpretação de texto filosófico. – Preparar a sala de aula para o teste escrito.	– Marcador de quadro branco e apagador. – Texto da Coleção *Os Pensadores* (ou só a obra principal). – Folha de papel-ofício com as questões objetivas.	Realizar um teste objetivo sobre o conteúdo estudado em aula. Critérios: (ver "prova ou teste objetivo"); duração: x tempos; valor: x pontos.
Ilustrar os conteúdos lecionados no bimestre.	**7ª aula:** Passeio-aula (programado)	– Ampliar o conhecimento sobre Política Brasileira na atualidade (níveis federal, estadual e municipal).	– Visitar a Câmara de Vereadores do município, entrevistando os parlamentares. Duração: um turno (pode ser estendido).	– Ônibus (previamente programado) com autorização dos responsáveis.	Fazer um relatório sobre a visitação. Critérios: (ver "passeio-aula" e "entrevista"); prazo: x dias; valor: x pontos.
Verificar se o aluno reteve os conhecimentos do bimestre.	**8ª aula:** Prova bimestral	– Demonstrar retenção dos conteúdos estudados no 3º bimestre. – Ser capaz de realizar a prova objetiva (escrita).	– Fazer uma breve revisão dos conteúdos ensinados ao longo do 3º bimestre. – Aplicar as questões correlatas ao conteúdo ensinado no 3º bimestre.	– Folha de papel-ofício com as questões objetivas.	Realizar prova escrita objetiva. Critérios: (ver "prova ou teste objetivo"); duração: x tempos; valor: x pontos.

4º BIMESTRE (8 AULAS)
UNIDADE IV: FILÓSOFOS DA IDADE MODERNA (DE 1453 ATÉ 1789) E CONTEMPORÂNEA (DE 1789 ATÉ OS DIAS ATUAIS)

Objetivos específicos	Conteúdos	Competências/Habilidades	Desenvolvimento	Recursos	Avaliação
Reconhecer a importância da Arte e identificar seus principais filósofos e obras.	**1ª aula:** Filósofos da Arte	– Reconhecer a função da Arte. – Entender, nesta seara, as filosofias de Aristóteles, Platão, Kant e Benjamin, através de suas obras, contidas na Coleção Os Pensadores.	– Aula expositiva. – Leitura e interpretação de texto filosófico. – Preparar o ambiente para o júri simulado.	– Marcador de quadro branco e apagador. – Texto da Coleção Os Pensadores.	Fazer um júri simulado sobre: "A programação cultural e artística da TV". Critérios: (ver "júri simulado"); duração: x tempos; valor: x pontos.
Reconhecer a importância da Lógica e Filosofia da Linguagem e identificar seus principais filósofos e obras.	**2ª aula:** Filósofos da Lógica e da Linguagem	– Reconhecer a função da Lógica. – Entender, nesta seara, as filosofias de Platão, Aristóteles, Russel e Wittgenstein, através de suas obras, contidas na Coleção Os Pensadores.	– Aula expositiva. – Leitura e interpretação de texto filosófico.	– Marcador de quadro branco e apagador. – Texto da Coleção Os Pensadores.	Elaborar um resumo, através da leitura de artigos e revistas especializadas sobre os filósofos citados. Critérios: (ver "leitura de periódico"); prazo: x dias; valor: x pontos.
Reconhecer a importância do Conhecimento e identificar seus principais filósofos e obras.	**3ª aula:** Filósofos do Conhecimento	– Reconhecer a função do Conhecimento. – Entender, nesta seara, as filosofias de Hegel, Bergson, Ricoeur e Lévi-Strauss, através de suas obras, contidas na Coleção Os Pensadores.	– Aula expositiva. – Leitura e interpretação de texto filosófico. – Preparar o ambiente para o seminário.	– Marcador de quadro branco e apagador. – Texto da Coleção Os Pensadores.	Realizar um seminário sobre as filosofias de Bergson, Ricoeur e Lévi-Strauss. Critérios: (ver "seminário"); duração: x tempos; valor: x pontos.
Compreender outras doutrinas influentes na Filosofia e identificar seus principais filósofos e obras.	**4ª aula:** Outros filósofos	– Entender os pontos principais das filosofias de Feuerbach, Schopenhauer, Dewey, Bachelard, Derrida e Singer, através de suas principais obras.	– Aula expositiva. – Leitura e interpretação de texto filosófico. – Exercícios para aula.	– Marcador de quadro branco e apagador. – Texto da Coleção Os Pensadores.	Elaborar uma redação dissertativa sobre um texto de John Dewey. Critérios: (ver "redação dissertativa"); duração: x tempos; valor: x pontos.

Compreender outras doutrinas influentes na Filosofia e identificar seus principais filósofos e obras.	**5ª aula:** Outros pensadores	– Entender (sumariamente) os pontos principais do pensamento de Freud, Lacan e Piaget, através de suas obras, contidas na Coleção *Os Pensadores*.	– Aula expositiva. – Leitura e interpretação de texto filosófico. – Preparar o ambiente para a dramatização.	– Marcador de quadro branco e apagador. – Texto da Coleção *Os Pensadores*. – Indumentária dos dias atuais.	Realizar uma encenação sobre "A Psicanálise freudiana x Piaget". Critérios: (ver "encenação"); duração: x tempos; valor: x pontos.
Reconhecer a importância do pensamento brasileiro e identificar seus principais filósofos e obras.	**6ª aula:** Filósofos brasileiros	– Entender (sumariamente) o contexto social, econômico, político, cultural e religioso brasileiro. – Entender o pensamento dos principais filósofos brasileiros, nas diferentes áreas da Filosofia, através de artigos ou obras publicadas.	– Aula expositiva. – Leitura e interpretação de texto filosófico;	– Notebook ou computadores com acesso à internet (na escola).	Pesquisar, na internet, sobre "A Filosofia no Brasil". Critérios: (ver "aula informatizada"); duração: x tempos; valor: x pontos.
Reconhecer a importância do conhecimento para a escolha da carreira profissional.	**7ª aula:** Culminância do Projeto Multidisciplinar: "Carreiras e profissões".	– Reconhecer o valor de cada área da ciência para a vida social e do trabalho. – Pesquisar profundamente as opções de carreira profissional. – Buscar orientação com profissionais na área de interesse.	– Preparar o espaço para o ápice do projeto. – Auxiliar os alunos e colegas professores do projeto (ver "Elaborando projetos pedagógicos em Filosofia").	– Todo o material necessário para a realização do projeto: som, trabalhos, expositores etc.	a) Assistir a palestra do psicólogo sobre "Orientação vocacional". b) Realizar uma feira de "Profissões e carreiras". Critérios: (ver "palestra" e "confecção de mural"); duração: x tempos; valor: x pontos.
Verificar se o aluno reteve os conhecimentos do bimestre.	**8ª aula:** Prova bimestral	– Demonstrar retenção dos conteúdos estudados no 4º bimestre. – Ser capaz de realizar a prova objetiva (escrita).	– Fazer uma breve revisão dos conteúdos ensinados ao longo do 4º bimestre. – Aplicar as questões correlatas ao conteúdo ensinado no 4º bimestre.	– Folha de papel-ofício com as questões objetivas.	Realizar prova objetiva escrita. Critérios: (ver "prova ou teste objetivo"); duração: x tempos; valor: x pontos.

Referências: (Cf. sugestões ao final desta obra.)
Principais filósofos e obras aqui trabalhados, cf. a lista ao final da obra.

4.4 Trabalhando com Temas ou Questões de Filosofia

Os jovens são atraídos por assuntos relacionados ao seu cotidiano. Os temas de seu interesse, muitas vezes, são ignorados na escola. Os temas de Filosofia podem oportunizar essa vivência para nossos adolescentes. É sempre bom lembrar que tais alunos somente mantêm contato com a Filosofia na escola. Por isso que trabalhar com temas ou questões de Filosofia requer sensatez e atualidade. Não quero dizer que o professor deva suspender as questões filosóficas clássicas para dar exclusividade às questões juvenis, como sexo, drogas e violência. Mas, por exemplo, o professor pode explorar o tema Mitologia Grega, associado ao surgimento da Filosofia e – oportunamente – à superstição popular. Será uma aula muito atrativa, pois os adolescentes são fascinados por lendas, mitos e crendices (e quem não é?). Basta observar como se vende filmes e livros sobre o tema.

Uma das vantagens de temas ou questões filosóficas é que se podem aprofundar assuntos não muito discutidos pela sociedade, como a "Ética profissional". Outra vantagem do método: também não se exige uma ordem cronológica dos conteúdos; inclusive, o docente pode variar de temas a cada bimestre. Depende do seu foco. Por exemplo, pode-se lecionar sobre a filosofia moral epicurista, no Período Helênico, e, na aula seguinte, pular para a "moral kantiana", no século XIX. Trabalhar por este método é uma forma tão livre, que o professor pode, aleatoriamente, lecionar para os alunos sobre determinada área filosófica, ou algum filósofo clássico de sua preferência, bem como determinado período histórico da Filosofia. Por exemplo, podem-se explorar os *Diálogos de Platão*. São escritos antigos, mas, ao mesmo tempo, superatuais. Pode-se aproveitar este ensejo e explorar temas como amor, corrupção, sexualidade, morte, beleza, além de outros temas do cotidiano dos adolescentes. E isso pode tomar várias aulas.

Neste método, o professor pode, outrossim, analisar a filosofia de um grande pensador juntamente com um filósofo menos conhecido. Pode-se, igualmente, criar e desenvolver temas filosóficos. Por exemplo, pode-se debater a filosofia de Platão x a filosofia de Nietzsche. Enfim, o mais importante é o fio condutor, isto é, o tema ou a questão a ser trabalhada durante o período do planejamento (bimestral, trimestral, etc.).

Tabela 4: Planejamento de Ensino Anual do Método Temas/Questões de Filosofia

CENTRO EDUCACIONAL PEDRO ABELARDO
NÍVEL / MODALIDADE: ENSINO MÉDIO / TÉCNICO EM INFORMÁTICA
DISCIPLINA: Filosofia
TURMA: 4001, 4002 e 4003
SÉRIE: 4º ano
PROFESSOR: Simone de Beauvoir
ANO LETIVO: 2011

1º BIMESTRE (8 AULAS)
UNIDADE I: TEMAS DE FILOSOFIA ANTIGA E MEDIEVAL

JUSTIFICATIVA:

* Considerando que a Constituição Federal, cujo artigo 205 (*caput*), ordena que Educação vise o pleno desenvolvimento da pessoa, seu preparo para o exercício da cidadania e sua qualificação para o trabalho; este Planejamento de Ensino tem como **objetivo geral**: contribuir para a dignidade da pessoa humana e formar cidadãos conscientes, críticos e participativos.

Objetivos específicos	Conteúdos	Competências/ Habilidades	Desenvolvimento	Recursos	Avaliação
Compreender a importância da Filosofia, seu nascimento e identificar seus primeiros filósofos.	**1ª aula:** Filosofia: origem e divisões	– Compreender o contexto (social, político, econômico, cultural e religioso) da Grécia Antiga. – Reconhecer as questões essenciais das filosofias dos pré-socráticos. – Distinguir as áreas da Filosofia.	– Sondagem dos alunos através de dinâmica(s). – Aula expositiva. – Observação do mapa.	– Marcador de quadro branco e apagador. – Texto da Coleção Os *Pensadores*. – Mapa da Grécia Antiga.	Pesquisar em casa, na internet, sobre "A filosofia de Pitágoras". Critérios: (ver "pesquisa"); prazo: x dias; valor: x pontos.
Compreender a função do mito e distinguir este da Filosofia.	**2ª aula:** Mito e Mitologia Grega	– Reconhecer as principais lendas gregas, identificando os principais heróis e deuses gregos. – Distinguir a função do mito da Filosofia.	– Aula expositiva. – Leitura e interpretação de texto filosófico. – Observação do mapa.	– Marcador de quadro branco e apagador. – Texto da Coleção Os *Pensadores*. – Mapa da Grécia Antiga.	Exercícios para casa sobre "Mitologia Grega". Critérios: (ver "exercícios"); prazo: x dias; valor: x pontos.
Compreender a essência das respectivas filosofias da "tríade grega".	**3ª aula:** As âncoras da Filosofia	– Compreender os pontos essenciais do socratismo, do aristotelismo e do platonismo, através de suas obras centrais. – Comparar ambas as filosofias.	– Aula expositiva. – Leitura e interpretação de texto filosófico. – Preparar os grupos para o seminário.	– Marcador de quadro branco e apagador. – Texto da Coleção Os *Pensadores*.	Apresentar um seminário sobre "O socratismo, o platonismo e o aristotelismo" Critérios: (ver "seminário"); duração: x tempos; valor: x pontos.

Aprofundar a filosofia platônica, por meio de sua principal obra.	**4ª aula**: Análise da obra: *A República* (Platão)	– Compreender as questões da metafísica, da política, da ética e da arte; – Compreender a mensagem da "Alegoria da Caverna".	– Aula expositiva. – Leitura e interpretação de texto filosófico. – Preparar o ambiente para a dramatização.	– Marcador de quadro branco e apagador. – Obra: *A República*. – Indumentária da Grécia Antiga.	Realizar uma encenação sobre "A alegoria da Caverna". Critérios: (ver "encenação"); duração: x tempos; valor: x pontos.
Compreender a Filosofia e a Teologia cristã, identificando seus principais filósofos, teólogos e suas obras.	**5ª aula:** A Filosofia e a Teologia cristã	– Compreender os pontos essenciais da filosofia e da teologia do cristianismo, através das obras de Paulo, Agostinho e Tomás de Aquino.	– Aula expositiva. – Leitura e interpretação de texto filosófico. – Observação do mapa.	– Marcador de quadro branco e apagador. – Texto da Coleção *Os Pensadores* e a *Bíblia Sagrada*. – Mapa do Mundo Antigo.	Realizar teste objetivo sobre o conteúdo estudado nesta aula. Critérios: (ver "prova ou teste objetivo"); duração: x tempos; valor: x pontos.
Compreender a Filosofia oriental, identificando seus principais filósofos e suas obras.	**6ª aula:** Filosofia oriental	– Compreender os pontos principais das filosofias do hinduísmo, do confucionismo e do budismo, através de seus ensinamentos.	– Aula expositiva. – Leitura e interpretação de texto filosófico. – Observação do mapa. – Organizar a montagem do mural.	– Marcador de quadro branco e apagador. – Textos selecionados para o conteúdo. – Todo o material necessário para confecção do mural.	Confeccionar um mural ou painel sobre "As filosofias de Buda e Confúcio". Critérios: (ver "confeccionar mural"); prazo: x dias; valor: x pontos.
Ilustrar e reforçar o conteúdo lecionado no bimestre.	**7ª aula**: Exibição de filme	– Ampliar o conhecimento sobre o budismo e comparar com o cristianismo.	– Exibir o filme *O pequeno Buda*. Duração: x horas (pode ser exibido em duas aulas).	– Aparelho audiovisual (DVD player ou similar).	Fazer um relatório com resenha sobre o filme. Critérios: (ver "exibição de filme"); prazo: x dias; valor: x pontos.
Verificar se o aluno reteve os conhecimentos do bimestre.	**8ª aula:** Prova bimestral	– Demonstrar retenção dos conteúdos estudados no 1º bimestre.	– Fazer uma breve revisão (se necessária). – Aplicar as questões correlatas ao conteúdo ensinado no 1º bimestre.	– Folha de ofício (ou outra) escrita com as questões objetivas.	Realizar prova objetiva escrita. Critérios: (ver "prova ou teste objetivo"); duração: x tempos; valor: x pontos.

2º BIMESTRE (8 AULAS)
UNIDADE II: TEMAS DE FILOSOFIA MEDIEVAL E MODERNA

Objetivos específicos	Conteúdos	Competências/ Habilidades	Desenvolvimento	Recursos	Avaliação
Compreender a relação entre a Renascença e a Filosofia.	**1ª aula:** O Renascimento e a Filosofia	– Compreender (sumariamente) o contexto (político, social, econômico, cultural e religioso) da transição entre as Idades Média e Moderna. – Compreender o humanismo renascentista, reconhecendo as contribuições dos diversos pensadores para o ressurgimento da Filosofia.	– Aula expositiva. – Leitura e interpretação de texto filosófico. – Observação no mapa; – Preparar o ambiente para a montagem do mural.	– Marcador de quadro branco e apagador. – Texto da Coleção *Os Pensadores*. – Mapas da Europa Medieval e Moderna. – Todo o material para confecção de mural.	Montar uma exposição sobre: "O Renascimento". Critérios: (ver "confecção de mural"); prazo: x dias; valor: x pontos.
Compreender a transição da Idade Média para a Moderna e identificar seus principais protagonistas.	**2ª aula:** Teologia Medieval x Ciência moderna	– Reconhecer as revoluções na ciência moderna; bem como as principais descobertas dos antigos e modernos cientistas: Ptolomeu, Arquimedes, Copérnico, Galileu, Newton, Darwin e Einstein.	– Aula expositiva. – Leitura e interpretação de texto filosófico. – Observação do planetário.	– Notebook ou computador com acesso à internet (na escola).	Pesquisar, na internet, sobre "Ciência Antiga x Ciência Moderna". Critérios: (ver "aula informatizada"); duração: x tempos; valor: x pontos.
Compreender a filosofia política de Maquiavel através de sua principal obra.	**3ª aula:** Análise da obra *O príncipe*, (Maquiavel)	– Reconhecer os pontos essenciais da filosofia política de Nicolau Maquiavel, através desta obra; – Comparar esta obra com a política brasileira atual e destacar os pontos negativos e positivos.	– Aula expositiva. – Leitura e interpretação de texto filosófico. – Entregar as perguntas para a entrevista.	– Marcador de quadro branco e apagador. – Obra: *O príncipe* (Maquiavel). – Folha de ofício com questões dirigidas.	Entrevistar um filósofo sobre "Monarquia x República". Critério: (ver "entrevista"); prazo x dias; valor: x pontos.

Compreender e comparar as duas principais correntes da Idade Moderna e identificar seus principais filósofos e obras.	**4ª aula:** Racionalismo x Empirismo	– Entender os pontos essenciais do Racionalismo, reconhecendo a filosofia de René Descartes. – Entender os pontos essenciais do Empirismo, reconhecendo a filosofia de John Locke. – Entender os pontos essenciais da solução de Kant para este dilema.	– Aula expositiva. – Leitura e interpretação de texto filosófico. – Exercícios para casa.	– Marcador de quadro branco e apagador. – Texto da Coleção *Os Pensadores*. – Acervo da biblioteca.	Resumir e comentar a obra *Meditações* (Descartes) e *Ensaio sobre o entendimento humano* (Locke). Critérios: (ver "resumo e resenha de texto"); prazo: x semanas; valor: x pontos.
Compreender a Filosofia iluminista e identificar seus principais filósofos e obras.	**5ª aula:** O Iluminismo	– Compreender (sumariamente) o contexto (social, econômico, político, cultural e religioso) do século XVIII. – Reconhecer os pontos essenciais do pensamento de Rousseau, d'Alembert, Diderot e Voltaire.	– Aula expositiva. – Leitura e interpretação de texto filosófico. – Preparar a sala de aula para o teste escrito.	– Marcador de quadro branco e apagador. – Texto da Coleção *Os Pensadores*. – Folha de ofício com as questões redigidas.	Realizar um teste objetivo escrito sobre o conteúdo estudado nesta aula. Critérios: (ver "prova ou teste objetivo"); duração: x tempos; valor: x pontos.
Compreender a questão da sociabilidade do homem através do antagonismo de Hobbes e Rousseau.	**6ª aula:** O homem social: Hobbes x Rousseau	– Entender os pontos essenciais das questões sociopolíticas de Hobbes e Rousseau através de suas respectivas obras: *Leviatã* e *Emílio*.	– Aula expositiva. – Leitura e interpretação de texto filosófico. – Preparar o ambiente para o debate.	– Marcador de quadro branco e apagador. – Texto da Coleção *Os Pensadores*.	Realizar um debate cujo tema seja: "O homem de Hobbes x o homem de Rousseau". Critérios: (ver "debate"); duração: x tempos; valor: x pontos.
Ilustrar e reforçar o conteúdo lecionado no bimestre.	**7ª aula:** Exibição de filme	– Ampliar o conhecimento sobre a influência da Igreja Romana na Idade Média.	– Exibir o filme *Em nome do Pai*. Duração: x horas; (pode ser exibido em duas aulas).	– Aparelho audiovisual (DVD player ou similar).	Fazer um resumo com resenha sobre o filme. Critérios: (ver "exibição de filme"); prazo: x dias; valor: x pontos.
Verificar se o aluno reteve os conhecimentos do bimestre.	**8ª aula:** Prova bimestral	– Demonstrar retenção dos conteúdos estudados no 2º bimestre.	– Fazer uma breve revisão (se necessária). – Aplicar as questões correlatas ao conteúdo ensinado no 2º bimestre.	– Folha de ofício com as questões redigidas.	Realizar prova objetiva escrita. Critérios: (ver "prova ou teste objetivos"); duração: x tempos; valor: x pontos.

3º BIMESTRE (8 AULAS)
UNIDADE III: TEMAS DE FILOSOFIA CONTEMPORÂNEA

Objetivos específicos	Conteúdos	Competências/Habilidades	Desenvolvimento	Recursos	Avaliação
Reconhecer a importância da Ontologia na Filosofia e identificar seus principais filósofos e obras.	1ª aula: A Ontologia	– Entender (sumariamente) o desenvolvimento da Metafísica. – Distinguir "Ontologia de "Metafísica; – Entender os pontos essenciais das metafísicas de Kant e Heidegger.	– Aula expositiva. – Leitura e interpretação de texto filosófico.	– Marcador de quadro branco e apagador. – Texto da Coleção *Os Pensadores*.	Resumir e comentar a obra *Metafísica* (Aristóteles). Critérios: (ver "resumo e resenha de texto"); prazo: x semanas; valor: x pontos.
Compreender os dois principais sistemas econômicos do mundo atual e identificar seus principais filósofos e obras.	2ª aula: Socialismo x Capitalismo	– Entender os pontos essenciais dos sistemas capitalista e socialista, através das respectivas filosofias de Adam Smith e de Karl Marx. – Comparar ambos os sistemas, apontando pontos negativos e positivos.	– Aula expositiva. – Leitura e interpretação de texto filosófico. – Preparar a sala para a dinâmica (ver "dinâmica").	– Marcador de quadro branco e apagador. – Texto da Coleção *Os Pensadores*. – Material da dinâmica (se necessário).	Realizar uma arguição (através de dinâmica) sobre: "O socialismo e o comunismo". Critérios: (ver "arguição"); duração: x tempos; valor: x pontos.
Compreender a mensagem da *Declaração* e incentivar a sua prática no cotidiano.	3ª aula: Análise da obra *Declaração Universal dos Direitos do Homem e do Cidadão*	– Reconhecer os pontos essenciais das *Declarações* de 1789 e 1945. – Comparar ambas as Declarações, apontando pontos positivos e negativos, bem como a sua aplicabilidade.	– Aula expositiva. – Leitura e interpretação de texto filosófico. – Entregar a(s) questão(ões) da dissertação.	– Marcador de quadro branco e apagador. – Texto da Coleção *Os Pensadores*.	Elaborar uma redação dissertativa sobre a obra *A Declaração Universal da ONU*. Critérios: (ver "redação dissertativa"); duração: x tempos; valor: x pontos.
Compreender a filosofia moral nietzscheana, identificando suas principais obras sobre o tema.	4ª aula: A Filosofia Moral de Nietzsche	– Compreender os pontos essenciais da filosofia moral de Friedrich Nietzsche, destacando pontos positivos e negativos, através de suas obras *Além do bem e do mal* e *A genealogia da moral*.	– Aula expositiva. – Leitura e interpretação de texto filosófico. – Preparar as duplas para escutar a música.	– Marcador de quadro branco e apagador. – Texto da Coleção *Os Pensadores*. – Aparelho de áudio (CD player ou similar).	Escutar e interpretar letra de música cujo tema seja: "A moral ou o costume popular". Critérios: (ver "audição de música"); duração: x tempos; valor: x pontos.

Orientar e esclarecer os adolescentes quanto à questão da sexualidade.	**5ª aula:** Sexo e gravidez na adolescência	– Entender a relação sexual como algo natural e positivo. – Entender o processo de gravidez. – Precaver-se contra DSTs. – Respeitar a orientação sexual alheia.	– Aula expositiva. – Leitura e interpretação de texto filosófico. – Preparar o ambiente para a palestra.	– Marcador de quadro branco e apagador. – Texto de revistas especializadas.	Trazer um palestrante para explanar sobre "Gravidez na adolescência". Alunos: redigir um relatório. Critérios: (ver "palestra"); prazo: x dias; valor: x pontos.
Reconhecer a importância da Bioética e identificar seus principais filósofos e obras.	**6ª aula:** A Bioética	– Entender o papel da Bioética no mundo contemporâneo. – Correlacionar a Bioética com o Biodireito. – Reconhecer os pontos principais da bioética de Singer, Engelhardt e Rolam (Brasil).	– Aula expositiva. – Leitura e interpretação de texto filosófico. – Preparar a sala de aula para o teste escrito.	– Marcador de quadro branco e apagador. – Texto da Coleção *Os Pensadores*. – Folha de ofício com as questões redigidas.	Realizar um teste objetivo sobre o conteúdo lecionado nesta aula. Critérios: (ver "prova ou teste objetivo"); duração: x tempos; valor: x pontos.
Ilustrar os conteúdos lecionados no bimestre.	**7ª aula:** Passeio-aula (programado)	– Ampliar o conhecimento sobre a produção científica nacional e internacional.	– Visitar um museu ou um Instituto de Pesquisa Científica. Duração: um turno (pode ser estendido).	Ônibus (previamente programado) com autorização dos responsáveis.	Fazer um relatório sobre a visitação. Critérios: (ver "passeio-aula"); prazo: x dias; valor: x pontos.
Verificar se o aluno reteve os conhecimentos do bimestre.	**8ª aula:** Prova bimestral	– Demonstrar retenção dos conteúdos estudados no 3º bimestre.	– Fazer uma breve revisão (se necessária); – Aplicar as questões correlatas ao conteúdo ensinado no 3º bimestre.	– Folha de ofício com as questões redigidas.	Realizar prova objetiva escrita. Critérios: (ver "prova ou teste objetivo"); duração: x tempos; valor: x pontos.

4º BIMESTRE (8 AULAS)
UNIDADE IV: TEMAS DE FILOSOFIA CONTEMPORÂNEA

Objetivos específicos	Conteúdos	Competências/ Habilidades	Desenvolvimento	Recursos	Avaliação
Compreender as doutrinas das principais religiões do mundo e identificar seus principais líderes.	**1ª aula:** Filosofia x Religião	– Entender (sumariamente) as doutrinas do cristianismo, islamismo, budismo, judaísmo, hinduísmo e candomblé, reconhecendo seus respectivos fundadores e líderes. – Distinguir a metodologia filosófica da religiosa.	– Aula expositiva. – Leitura e interpretação de texto filosófico. – Observação do mapa mundial contemporâneo. – Preparar a sala para o debate.	– Marcador de quadro branco e apagador. – Texto da Coleção *Os Pensadores*. – Mapa mundial contemporâneo.	Fazer um debate sobre: "Filosofia x Religião". Critérios: (ver "júri simulado"); duração: x tempos; valor: x pontos.
Compreender a Filosofia do Direito e identificar seus principais pensadores.	**2ª aula:** Filosofia e Direito	– Entender a metodologia do Direito e suas ramificações. – Distinguir a metodologia filosófica da jurídica. – Reconhecer, nessa seara, as filosofias de Hegel e Miguel Reale.	– Aula expositiva. – Leitura e interpretação de texto filosófico. – Preparar a sala para o seminário.	– Marcador de quadro branco e apagador. – Texto da Coleção *Os Pensadores*.	Realizar um seminário sobre: "As ramificações do Direito". Critérios: (ver "seminário"); duração: x tempos; valor: x pontos.
Compreender as doutrinas filosóficas contemporâneas e identificar seus principais idealizadores.	**3ª aula:** Doutrinas e concepções filosóficas	– Entender (sumariamente) o determinismo, do dogmatismo e do ceticismo, reconhecendo seus respectivos pensadores e obras. – Correlacionar cada concepção com a Teoria do Conhecimento.	– Aula expositiva. – Leitura e interpretação de texto filosófico. – Exercícios para casa.	– Marcador de quadro branco e apagador. – Texto das revistas especializadas.	Elaborar um resumo, através da leitura de artigos e revistas especializadas, sobre o dogmatismo e o ceticismo. Critérios: (ver "leitura de periódico"); prazo: x dias; valor: x pontos.
Compreender a mensagem da obra de Sartre para a aplicação no cotidiano.	**4ª aula:** Análise da obra *O existencialismo é um humanismo*, de Sartre	– Conhecer a vida e obra de Jean-Paul Sartre. – Identificar os pontos essenciais desta obra (liberdade, decisão, engajamento etc.), correlacionando com o seu dia a dia.	– Aula expositiva. – Leitura e interpretação de texto filosófico. – Exercícios para aula.	– Marcador de quadro branco e apagador. – Texto da Coleção *Os Pensadores*.	Elaborar uma redação dissertativa sobre a obra proposta. Critérios: (ver "redação dissertativa"); duração: x tempos; valor: x pontos.

Compreender a filosofia de Zea e identificar suas principais obras.	**5ª aula:** A Filosofia latino--americana	– Conhecer o contexto socioeconômico, político e cultural da América Latina. – Conhecer os pontos principais da Filosofia latino-americana. – Conhecer as filosofias de Leopoldo Zea e Enrique Dussel (e outros).	– Aula expositiva. – Leitura e interpretação de texto filosófico. – Acesso a sites de Filosofia.	– Notebook ou computadores com acesso à internet (na escola).	Pesquisar, na internet, sobre: "A filosofia latino-americana". Critérios: (ver "aula informatizada"); duração: x tempos; valor: x pontos.
Articular o pensamento através de uma problemática filosófica.	**6ª aula:** A questão do relativismo e do universalismo moral	– Entender e distinguir os pontos essenciais dos relativismos moral e cultural. – Reconhecer, nesta seara, as obras *Ética a Nicômaco* (Aristóteles) e *Esboços pirrônicos* (Sexto Empírico).	– Aula expositiva. – Leitura e interpretação de texto filosófico. – Preparar o ambiente para a dramatização.	– Marcador de quadro branco e apagador. – Texto da Coleção *Os Pensadores*. – Indumentária dos dias atuais.	Realizar uma dramatização sobre: "O jeitinho brasileiro". Critério: (ver "dramatização"); duração: x tempos; valor: x pontos.
Reconhecer a importância da Filosofia para a prática da cidadania.	**7ª aula:** Culminância do Projeto Disciplinar: "Filosofia, pra quê?"	– Reconhecer o valor da Filosofia para o viver (em todos os aspectos); – Dar continuidade ao estudo da Filosofia (seja de forma pessoal ou profissional).	– Preparar o espaço para o ápice do projeto. – Auxiliar os alunos e colegas professores no que for preciso (ver "Elaborando projetos pedagógicos em Filosofia").	– Todo o material necessário para a realização do projeto: som, trabalhos, expositores etc.	a) Assistir uma palestra de um filósofo sobre o tema: "A Filosofia hoje". b) Realizar uma Feira de Filosofia". Critérios: (ver "palestra" e "confecção de mural"); duração: x tempos; valor: x pontos.
Verificar se o aluno reteve os conhecimentos do bimestre.	**8ª aula:** Prova bimestral	– Demonstrar retenção dos conteúdos estudados no 4º bimestre. – Ser capaz de realizar uma prova objetiva (escrita).	– Fazer uma breve revisão dos conteúdos ensinados ao longo do 4º bimestre. – Aplicar as questões correlatas ao conteúdo ensinado no 4º bimestre.	– Folha de papel--ofício com as questões objetivas.	Realizar prova objetiva escrita. Critérios: (ver "prova ou teste objetivo"); duração: x tempos; valor: x pontos.

Referências: (Cf. Sugestões ao final desta obra.)
Cf. principais obras filosóficas dos filósofos aqui trabalhados ao final da obra.

5
Atividades didáticas para o ensino de Filosofia

Toda ajuda em prol do ensino de Filosofia é válida!
Renato Velloso

O trabalho com adolescentes fez-me perceber certas peculiaridades. Por exemplo, no contexto de uma mesma série existem turmas que são diferentes umas das outras. Há turmas muito tranquilas e outras muito agitadas. Igualmente, há turmas muito apáticas, mas há outras muito participativas. Há turmas que são superassíduas e outras com maior número de faltosos. Todo professor, até mesmo os inexperientes, sabe disso. Realmente, como outrora eu disse, os adolescentes nos surpreendem. Sempre.

Indubitavelmente, o professor que vai lecionar para esta faixa etária (seja qual for a disciplina) deve ter em mente que não há uma fórmula mágica, mas trabalho, fé, paciência e persistência. Entretanto, posso afirmar que há técnicas que poderão aproximá-lo – mais eficazmente – dos jovens. Como informei na introdução, das muitas técnicas, métodos e atividades que aprendi foram – em grande parte – experimentadas em escolas públicas (inclusive em comunidades) do Rio de Janeiro. Em outras palavras, com um público difícil de trabalhar. Não é à toa que muitos professores cariocas abandonam o magistério. Sendo assim, engana-se quem pensa que só houve aulas bem-sucedidas nessa caminhada; pelo contrário, houve antes muitos tropeços e contratempos. Contudo, o exercício diário com os adolescentes me fazia rever constantemente a minha prática, levando-me a testar modos mais apropriados para tornar as aulas de Filosofia mais atraentes para esta faixa etária e clientela diferenciada.

Neste capítulo vou enumerar e explanar diversas atividades didáticas, resultado dessa caminhada, acumuladas durante quinze anos de experiência. São sugestões que podem quebrar a monotonia da aula expositiva. A ideia é compartilhar experiências, principalmente com os professores que estão iniciando. Mas acho útil esclarecer algo antes. Em primeiro lugar, é preciso ressaltar que as atividades aqui propostas são possíveis de serem implementadas em qualquer modalidade de ensino. Aliás, muitos professores já praticam muitas delas.

Em segundo lugar, as citadas atividades podem ser aplicadas perfeitamente com os conteúdos planejados e boa parte delas pode ser utilizada como avaliação, seja parcial ou totalmente. Por exemplo, a participação do aluno em uma palestra pode ser pontuada como avaliação do período. Além da simples participação, o professor pode exigir um relatório ou comentário sobre o tema abordado. Também pode promover, após a palestra ou em aula posterior, um debate ou um júri simulado, valendo pontos. Se o tema é relevante e convém ao planejamento, por que não?

Vamos então conhecer as atividades de grande valia para o êxito nas aulas de Filosofia.

Tabela 5: Atividades didáticas

Atividade	Objetivo	Recurso	Componentes	Duração	Desenvolvimento
1) Aula expositiva	Transmitir o conhecimento diretamente.	Caneta para quadro branco ou giz e apagador.	Toda a turma.	1 ou 2 tempos.	O professor escreve na lousa (ou quadro) o conteúdo de forma resumida. Ele explica para os alunos os pontos essenciais desse conteúdo, destaca os termos mais importantes e cita exemplos. Depois, em caso de dúvidas, esclarece as interrogações dos alunos. Esta aula pode ser acompanhada de livros didáticos ou de outros textos.
2) Dinâmica	Descontrair e integrar a turma.	Caneta, papel, caneta hidrocor, balas etc. (depende da dinâmica).	Mínimo de 10 alunos.	20 a 30 min.	Existem diversas dinâmicas. Como exemplo, existe a famosa "quebrando o gelo", que funciona assim: no primeiro dia de aula, o professor pede para que os alunos formem duplas e falem de si uns aos outros. Minutos depois, pede para que cada aluno apresente o seu par, citando nome, idade e expectativas quanto ao novo ano letivo. Como outro exemplo, temos a dinâmica das figuras. O professor pede para formar um círculo e espalha recorte de revistas pelo chão da sala. Cada aluno pega uma figura e depois fala seu nome e explica a sua afinidade pela gravura.
3) Leitura de texto filosófico	Compreender e interpretar filosoficamente.	Textos extraídos das obras filosóficas (sugestão: Coleção Os Pensadores).	Toda a turma.	2 tempos.	O professor deve selecionar, criteriosamente, os textos de filósofos em questão. Todos os alunos devem ter o texto e acompanhar sua leitura em silêncio. O professor divide o texto em partes e pergunta se alguns alunos querem lê-las. Durante a leitura, o professor deve pedir para que eles destaquem palavras e frases importantes. Esses termos e expressões podem ser explicados depois da leitura de cada parte, assim como as possíveis indagações e comentários dos alunos. O professor pode reforçar a atividade com exercícios.
4) Leitura de periódico	Aplicar a metodologia filosófica em leituras diversas.	Jornais do dia, revistas populares, especializadas, científicas e outras.	Toda a turma.	1 ou 2 tempos.	O professor traz uma notícia, um artigo, uma reportagem atual ou até mesmo umas figuras interessantes. Ele distribui cópias para os alunos e depois faz a leitura para a turma (ou pede para uns alunos lerem). Em seguida, solicita aos alunos que interpretem o texto jornalístico proposto, sob o ponto de vista filosófico. Nos demais, a atividade é semelhante à leitura de textos filosóficos.
5) Exercícios	Reforçar a retenção dos conteúdos.	Quadro ou lousa, marcador ou giz e apagador.	Individual ou em dupla.	1 tempo.	O professor passa no quadro (ou numa folha) algumas questões referentes ao conteúdo lecionado em determinada aula (anterior ou atual) para que os alunos copiem no caderno e os resolvam. Depois de alguns minutos, solicita as respostas à turma, corrigindo as possíveis falhas. Pode pedir para alguns deles irem ao quadro fazer as questões. Se for tarefa de casa, corrija-os na aula posterior. Esta atividade pode valer pontos.
6) Exibição de filme	Ilustrar e ampliar conteúdos.	Filmes, televisão, extensão e aparelho de DVD ou multimídia.	Em dupla.	1 ou 2 aulas (2 a 4 tempos).	O professor seleciona um filme de curta ou média duração sobre o assunto da(s) aula(s) daquele bimestre. A exibição, para toda a turma, pode ocorrer na sala de vídeo ou na própria sala de aula (depende do colégio). O professor deve pausar os filmes para breves explanações. Ao final, solicita relatórios com comentários ou resenhas sobre o filme, que podem valer pontos.

7) Seminário	Trabalhar em conjunto; sociabilizar as descobertas das pesquisas.	Lousa, cartazes e/ou *datashow*.	Grupos de 3 ou 4 alunos.	1 ou 2 tempos.	O professor, ou os próprios alunos, divide os grupos e depois fornece um tema (sobre a aula) para cada grupo. Após um determinado período (em média, duas semanas), o grupo deve apresentar um trabalho escrito e outro oral (5 a 10 min. para cada grupo). O grupo pode incrementar com cartazes e/ou mídia. Ao final de cada apresentação, os ouvintes podem fazer perguntas para o grupo. O professor avalia e pontua cada membro do grupo, de acordo com o seu merecimento.
8) Confecção de mural	Ilustrar e valorizar o trabalho dos alunos.	Canetinha, régua, tesoura, cola, percevejo, cartolinas, gravuras, reportagens e outros.	Mínimo de 3 ou 4 alunos.	1 ou 2 tempos.	O professor, com antecedência, pede para os alunos trazerem os materiais necessários (de acordo com o tema) para esta atividade. Os alunos podem realizá-la parte em casa e parte na sala de aula. O mural pode ser da própria sala ou de outro espaço na escola. O professor acompanha os trabalhos, orientando no que for preciso. Depois, avalia e pontua os trabalhos, conforme o merecimento de cada (membro do) grupo.
9) Audição de música	Interpretar letras de música filosoficamente.	Aparelho de som (CD ou similar).	Em dupla ou em trio.	1 ou 2 tempos.	O professor leva alguma música interessante e distribui a letra para a turma. Não importa o ritmo (samba, rock, pop, rap etc.), mas sim o escrito. Repita uma ou duas vezes. Os alunos podem cantar a música. Ao final da audição, o professor propõe que os alunos comentem algo sobre a letra. Depois, solicita aos alunos um comentário ou interpretação escrita sobre esta (pode ser em dupla). A redação deve ser entregue até o final da aula (sugestão: a partir de 30 linhas). A seguir, o professor avalia e pontua os trabalhos.
10) Debate	Saber ouvir e ser ouvido; comparar e rever opiniões.	Caneta e papel.	3 grupos com 5 alunos cada.	1 ou 2 tempos.	O professor propõe um tema atual e polêmico (aborto, clonagem, superstição etc.) e correlato aos conteúdos do bimestre. Depois, após uma prévia consulta, divide a turma em três grandes grupos: "a favor", "contra" e "neutros" sobre o assunto. O professor é o mediador e nomeia um relator de cada grupo. Após o debate, solicita um relatório geral para cada grupo. Depois avalia e pontua os trabalhos, bem como a participação de cada aluno no debate.
11) Encenação	Desenvolver a comunicação oral.	Indumentária e cenário	Grupos com 4 ou 5 alunos	Mínimo de 10 min. para cada grupo	O professor, ou os alunos, divide a turma em grupos. Os alunos providenciam a indumentária e o cenário (se possível) para a realização da peça, cuja montagem deve ser coerente com o conteúdo dado. Pode ser organizado tanto na sala de aula como num espaço mais apropriado (auditório). Os alunos também preparam um curto roteiro. Após a dramatização, o professor avalia e pontua, tanto a expressão oral quanto a escrita, de acordo com a atuação de cada aluno.
12) Júri simulado	Desenvolver o bom senso ou a capacidade de juízo.	Caneta e papel.	Mínimo de 20 alunos.	1 ou 2 tempos.	O professor divide e organiza a turma conforme a formação de um tribunal de júri: 7 jurados, 2 advogados (para a vítima e o réu), 1 promotor de justiça, 1 juiz de direito, 1 réu, 1 vítima e 2 testemunhas. Os demais alunos serão espectadores. A acusação pode ser sobre qualquer crime ou situação antiética. O professor é o mediador do julgamento. Os "atores" devem representar tal como numa audiência de julgamento. Ao final da atividade, o professor deve solicitar aos alunos um relatório, extraindo destes valores éticos e sociais, e depois pontuar conforme a atuação de cada um.

13) Aula informatizada	Conjugar a Filosofia com as novas tecnologias.	1 computador para o máximo de 2 alunos.	Individual ou em dupla.	2 tempos.	O professor, com antecedência, reservará o laboratório de informática da escola (se houver) ou solicitará aos alunos que tragam seus *laptops* (se houver). Se a turma for grande, divida-a em grupos. Em aula, o professor pedirá que os alunos acessem sites que trabalham com Filosofia (filósofos, obras, doutrinas etc). Noutro momento, o docente retorna com o grupo restante. O professor pode solicitar uma pesquisa e depois avaliar e pontuar os trabalhos.
14) Visita à biblioteca	Criar o hábito de leitura (de preferência, filosófica).	Todo o acervo da biblioteca (principalmente obras de Filosofia).	Grupos de 10 a 15 alunos.	1 ou 2 tempos.	O professor, com antecedência, reserva a sala de leitura ou a biblioteca da escola (se houver), para atender a turma. Deve ir com grupos reduzidos de alunos, deixando claro que o lugar é de estudo e silêncio. Em seguida, deixe que os alunos tomem familiaridade com o acervo do local: livros, periódicos, mapas etc. Depois, concentre a sondagem nas obras filosóficas, solicitando aos alunos resumos ou comentários sobre um texto de sua preferência. O professor pode reforçar a atividade com exercícios ou pesquisas. Noutro momento, retorna ao local com o grupo restante da turma.
15) Pesquisa	Promover e aprofundar conhecimentos.	Livros, revistas, jornais ou sites da internet.	Individual ou em grupo.	2 tempos.	O professor passa um tema para a turma investigar. Essa avaliação pode ser realizada individualmente, em dupla ou em grupo (depende do número de alunos da turma). O tema pode ser sobre a vida e a obra de algum filósofo importante (resumidamente), sobre uma questão filosófica, um assunto atual correlacionado à Filosofia (eleições, bioética, estética etc.). O peso desta avaliação depende, principalmente, dos seguintes critérios: organização do trabalho (formatação, capricho, prazo de entrega etc.) e aprofundamento do tema (quantidade e qualidade do tema desenvolvido). Deve ser avaliada e pontuada conforme o merecimento de cada aluno do grupo.
16) Passeio-aula	Associar a teoria à prática; aprofundar os conteúdos.	Ônibus ou van (pessoal ou coletivo).	Mínimo de 10 alunos.	1 ou 2 turnos.	O professor, com antecedência, reserva um dia e horário de visita a um determinado centro cultural (museu, exposição, cinema, teatro etc.). A visitação deve ter consonância com o conteúdo ou com sua disciplina. Quando não houver guia no local, o professor deve fazer explanações sobre o que está sendo mostrado. Após a visita, como avaliação, o professor pode pedir um relatório (um resumo ou resenha com resumo), como tarefa de casa, para entregar na próxima aula. Depois, avalia e pontua cada trabalho.
17) Confecção de maquete	Associar a teoria à prática; aprofundar conteúdos.	Isopor, cola, barbante, bonecos, palitos e outros.	Grupos com 3 ou 4 alunos.	2 tempos.	O professor, com antecedência, solicita aos alunos trazerem todo material necessário para a construção de uma maquete. Ele divide a turma em pequenos grupos e pede para que construam a maquete conforme um tema desenvolvido em sala (construções antigas, castelos medievais, monumentos modernos etc.). Se possível, exponha as maquetes num espaço apropriado e autorizado pela direção da escola. Durante ou após a exposição o professor avalia e pontua os trabalhos, conforme o mérito de membro do grupo.
18) Palestra	Informar e esclarecer conhecimentos.	Microfone, extensão e amplificador.	Toda a turma.	1 ou 2 tempos.	O professor, com antecedência, convida palestrantes qualificados (de preferência, de outras instituições) para comparecer à escola em dia e hora agendados. O professor, junto com a coordenação pedagógica, organiza o espaço na escola. O tema deve estar em consonância com os conteúdos ensinados (pode ser uma palestra interdisciplinar). Deve haver tempo para possíveis indagações da plateia. Como avaliação, o professor pode pedir um relatório, exercícios ou pesquisa sobre o tema exposto. Depois corrigir e pontuar.

5.1 Considerações sobre as atividades didáticas

1) Sobre a aula expositiva: é a atividade mais antiga e mais comum de lecionar. O ideal é que o professor não adote esta conduta amiúde, pois este procedimento é muito enfadonho, seja para adolescentes ou para adultos. Não quero dizer que deva ser eliminada, até porque, a aula expositiva é ainda o modo mais direto ou imediato para se ensinar. Aliás, se repararmos bem, todas as outras atividades, de alguma maneira, utiliza a aula expositiva. No entanto, é aconselhável mesclar a exposição oral com os outros tipos de atividades. Outro ponto sobre isso: é bem-visto o professor que, após a aula, apaga os seus escritos para que o próximo professor possa utilizar o quadro ou a lousa. E tenha sempre canetas de quadro branco ou gizes reservas (no seu armário), pois nunca se sabe se faltará algum desses num dia de sua aula.

2) Sobre a dinâmica: é uma atividade muito eficaz para motivação e pode ser realizada no início, durante ou no final da aula. Quanto ao material e ao tempo de realização, digo que varia de dinâmica para dinâmica. Algumas são apenas para descontrair e outras para atender aos objetivos da aula. A verdade é que as dinâmicas sempre "quebram o gelo" e integram os seus participantes. Mas atenção: observe se todos os alunos estão efetivamente participando. E deixe claro que esta atividade compõe a participação da média bimestral. Uma última consideração sobre isso: não se assuste se uma determinada dinâmica não agradou determinada turma. O que é "chato" para um grupo pode ser divertido para outro. Nas referências bibliográficas listadas, ao final da obra, há sugestões de livros sobre dinâmicas de grupo.

3) Sobre a leitura de texto filosófico: isto é o coração da metodologia filosófica. Toda filosofia perpassa pelas obras filosóficas, por isso o professor deve "abusar" desta atividade. O professor pode tratar o mesmo tema sob diferentes filósofos. Ou, inversamente, pode trabalhar vários temas de um determinado filósofo. Também pode levar dois ou mais textos numa mesma aula. Depende sempre do tempo e do foco do professor. O ideal é que se comece com textos curtos e se evite os prolixos. Durante a leitura, o professor até pode escrever e explicar tópicos da lousa, mas é mais interessante que os alunos adquiram o hábito de fazer anotações ao longo do seu próprio texto. Uma consideração importante: à medida que os discentes vão avançando na interpretação dos textos filosóficos, aumente o grau de dificuldade. Mas isso deve ser feito gradativamente, até porque é preciso respeitar o seu nível de aprendizagem, afinal, eles são apenas "iniciados".

4) Sobre a leitura de periódico: é uma ótima atividade complementar. Sua realização vai depender do foco do professor: pode ser realizada para iniciar uma aula, complementar outra aula e até durar uma aula inteira. A atividade também pode iniciar um debate ou um júri simulado. A tarefa de interpretação pode ser feita em dupla. O ideal é que, assim como a leitura de textos filosóficos, não seja uma atividade longa e tediosa. Essa atividade, inclusive, pode ser feita na biblioteca da escola. Aliás, incluo aqui uma sugestão: oportunamente, o professor pode sugerir à direção da escola livros de Filosofia para o acervo da biblioteca; pois, geralmente, devido ao longo tempo de carência de filósofos nas escolas de Ensino Médio, estas carecem de obras filosóficas.

5) Sobre os exercícios: é uma atividade reforçadora dos conteúdos e que deve estar frequentemente presente nas aulas. Os exercícios também têm a função de evitar a dispersão durante as aulas. Eles também podem ser feitos em casa, mas quando feito durante a aula (se houver tempo) os exercícios são orientados pelo professor. E outra: se realizados em dupla, um aluno pode auxiliar o outro no entendimento da matéria. É importante que o docente observe o nível destas tarefas. Igualmente, é importante que ele não passe muitas questões, até porque, provavelmente, não desejará tomar o tempo da próxima aula para corrigir todas elas. É aconselhável, como incentivo, a pontuação destes exercícios, os quais também podem ser contabilizados como participação nas atividades propostas.

6) Sobre a exibição de filme: é uma atividade muito satisfatória. Todas os adolescentes gostam. O objetivo é passar o ensinamento (o conteúdo) através do enredo do filme. Não importa a categoria, pode ser comédia, drama, documentário e até de ficção científica. O professor deve dar preferência a filmes curtos, de modo que não atrapalhe a aula dos professores dos tempos seguintes. Se não for possível terminá-lo, divida o filme em duas aulas. E lembre-se: esta atividade não é uma sessão de cinema, mas sim uma ilustração de algum conteúdo ensinado. É importante ver o filme antes dos alunos, a fim de evitar cenas inescrupulosas. Outrossim, é recomendável verificar a classificação etária do filme. No final desta obra, no apêndice, existem algumas sugestões de filmes, de todas as categorias. Basta escolher.

7) Sobre o seminário: é uma atividade que estimula a exposição das ideias dos discentes. O professor deve ficar atento ao tempo de apresentação de cada grupo, pois, em turmas grandes, essa atividade desconcentra os alunos. Exija a parte escrita e a expressão oral dos alunos sobre o tema (ou temas) distribuído e procure avaliar criteriosamente. Às vezes, um aluno tímido prefere escrever a se expor para toda a turma; mas isso não o isenta de cumprir a atividade de algum modo. Uma última consideração: descubra quem realmente fez a atividade. Trabalhos em grupo podem contribuir assaz para a cooperação; todavia, em se tratando de adolescentes reunidos, o mais recorrente é a "fofoca", o "papo-furado" (o que gera perda de tempo) e – o pior – a "carona" com os demais colegas. Em outras palavras, muitos deles apresentam-se como integrantes do grupo sem fazer absolutamente nada. Isso é fato. Devo dizer ao professor iniciante que isso sempre ocorrerá. Aliás, é por essa razão que o docente deve evitar a composição de grupos com muitos componentes.

8) Sobre a confecção de mural: esta atividade é muito boa para estimular a criatividade e o senso de organização dos alunos. Porém, o professor deve estar atento para que ela não tome todo o tempo da aula. Quanto ao espaço da exposição, é necessário que o professor o calcule, a fim de evitar contratempos com os próprios alunos: Será que a quantidade de trabalhos dá para serem expostos na própria sala de aula? Ou será preciso expô-las no pátio ou no corredor da escola (nesse caso, o professor deve solicitar autorização da coordenação pedagógica)? Outra sugestão importante: procure valorizar o trabalho dos alunos expondo-os no mural. Pode ser amostras de um seminário, de pesquisas etc. No resto, vale a pena seguir as seguintes dicas:

a) Providencie todo o material (cola, tesoura, papel, grampeador, enfeites etc.);

b) Leve algum material, pois nunca espere que os alunos tragam tudo;

c) Nos cartazes, exija letras grandes e legíveis, escritas com tinta escura;

d) Exija títulos com tamanhos e cores diferentes dos textos;

e) Exija figuras (recortadas ou impressas), grandes ou bem visíveis para toda sala;

f) Exija uma distribuição organizada entre textos e figuras no painel.

9) Sobre a audição de música: está é uma das atividades mais atraentes para os adolescentes. Alguns alunos "detestarão" a música que o professor trouxer, pois, geralmente, é uma letra que não pertence à sua geração. Mas isso não impede de o professor permitir que os alunos tragam letras de música de sua preferência. É claro que o docente deve fazer uma triagem, admitindo somente letras de conteúdo significativo. E, uma vez aprovada, deve ser reproduzida para a turma toda. Evite, aliás, tocar músicas em outros idiomas, pois nem todos são obrigados a saber traduzi-las; também evite tocar músicas religiosas, pois isto pode gerar conflitos de credos na turma. Esta atividade, quando feita em dupla, estimula a troca de ideias, então, evite que alunos façam sozinhos. É comum, inclusive, haver ampliação do assunto! No apêndice, há sugestões de letras de música, de todos os estilos.

10) Sobre o debate: é uma atividade muito eficaz para confrontar opiniões e desenvolver o senso crítico. Entretanto, o professor tem que ter muita atenção e domínio da situação, justamente porque os adolescentes não estão acostumados a debates. No começo, haverá confusão e dispersão; no entanto, com a prática, eles irão adaptar-se. Abaixo, sugiro algumas regras que os debatedores devem seguir:

a) O mediador deve chamar a atenção dos desordeiros e instigar a fala dos tímidos;

b) O mediador deve pedir para falarem mais claramente ("pra fora");

c) Os alunos devem ouvir uns aos outros e respeitar a vez do colega;

d) Os alunos podem expressar a sua opinião, todavia, sem ofender ninguém;

e) Os alunos devem fundamentar suas convicções, mas sem delongas;

f) Os alunos devem perceber contradições e dogmas contidos em suas opiniões.

11) Sobre a encenação (dramatização): é uma ótima atividade para estimular a expressão oral e do pensamento dos alunos. É aconselhável que o professor planeje este tipo de atividade com certa antecedência, pois muitos não estão acostumados a isso. As encenações podem durar dois tempos inteiros, mas também podem ser utilizadas apenas como "motivação inicial"; vai depender das condições da turma e do planejamento do professor. Por isso, se possível, o docente pode dispensar a indumentária e o cenário. Já fiz muitas dramatizações na própria sala de aula. E posso afirmar: cenas do cotidiano são ótimas para se representar! Uma última recomendação: leve em consideração a timidez de alguns alunos, talvez estes possam ser mais bem destacados em outras tarefas, como o "roteiro". Estes, talvez, possam se descobrir como autores; outros, ao atuar, como atores.

12) Sobre o júri simulado: assim como o debate, esta é uma das mais envolventes e "agitadas" atividades. É imprescindível que o professor mantenha a disciplina nessa tarefa, pois muitos adolescentes tendem a se exaltar. Combine uma aula antes com eles sobre o objetivo, a pontuação, e, principalmente, sobre a conduta durante esta aula (mais adiante discorro sobre a "disciplina" do aluno). Como no debate, só a prática os fará entender a relevância desta atividade. Mas, uma vez respeitada a ordem, com certeza, eles desejarão repetir o feito. E vale a pena reforçar o conselho: o professor é mais do que o mediador do debate: ele é o maestro da turma!

13) Sobre a aula informatizada: é uma atividade que aproveita as novas ferramentas em prol da educação. A ideia é mostrar que a Filosofia, mesmo sendo o mais antigo saber, pode coadunar-se com as novas tecnologias, principalmente por envolver curiosidade e investigação. Nas escolas onde é possível ter as aulas informatizadas, o professor deve observar se os alunos estão acessando sites não sugeridos (redes sociais, jogos e outros). É importante que o docente, durante a atividade, assista a todos os alunos, evitando se concentrar apenas num grupo de alunos. Mais uma consideração: se a sala não contiver toda a turma, divida o tempo de aula igualmente ou estenda-o em duas aulas. Sei que essa atividade é exequível apenas para colégios que já possuem uma estutura de informática mínima (e digna!). E aqui faço um parênteses: é inaceitável, no século XXI, que nossas escolas não tenham acesso a computadores e tampouco à internet! Então, professor, caso inexista isto na escola onde você trabalha, estimule o grêmio estudantil e os eus colegas – e até mesmo os pais – a reivindicar este direito (de discentes e dos docentes).

14) Sobre a visita à biblioteca: costumo dizer aos meus colegas que esta é uma atividade bastante proveitosa, porque muitos alunos jamais entraram numa biblioteca. Quase todas as escolas têm biblioteca ou uma sala de leitura; contudo, com a informatização, os alunos tendem a abandonar os livros impressos, sobretudo a rarear suas visitas a bibliotecas e livrarias. Contudo, sendo o filósofo um leitor voraz, penso que é seu dever estimular e cultivar nos seus alunos o gosto pela leitura nestes locais. Até porque, normalmente, estes espaços têm muitas atividades dirigidas a estudantes. Quando a atividade é realizada na sala de leitura da própria escola, o professor deve estar atento à capacidade ou lotação desta sala. Se, ainda assim, persistir o problema, o docente deve pedir à bibliotecária autorização para levar algumas obras para a sala de aula. E, caso não haja obras suficientes para cada aluno, pode promover a leitura em duplas. E ainda: se não for possível providenciar a literatura filosófica, faça a atividade com obras científicas ou literárias. O importante aqui, precipuamente, é promover o hábito da leitura.

15) Sobre a pesquisa: esta atividade é uma das mais antigas receitas de aprendizagem. Normalmente, quando bem-organizada, traduz-se numa ótima oportunidade de aprofundamento de conteúdo. Aliás, que seria da curiosidade filosófica se não fosse a pesquisa? Mas existem alguns critérios que os alunos devem seguir na prática; do contrário, ela se torna um trabalho em vão. Abaixo, ofereço ao docente algumas sugestões:

Tabela 6: Critérios de pesquisas escolares

a) Número de componentes	Deve conter de dois a quatro alunos (cf. o item 7: "seminário").
b) Cabeçalho completo	Deve conter: colégio/escola, nível, segmento, série, data, disciplina, professor, nome completo, turma, número na chamada. Como, normalmente, o professor tem muitas turmas, não é raro ocorrer uma mistura de trabalhos.
c) Fonte da pesquisa	Consiste na bibliografia, site da internet, periódicos, entrevistas etc. pesquisados pelo aluno; isto confirma se o aluno pesquisou por si mesmo ou copiou de outro aluno. Quando o professor conhece o conteúdo do site de pesquisa por ele sugerido, é capaz de diminuir as possíveis "fraudes" dos alunos.
d) Forma do trabalho: manuscrito, digitado ou por meio eletrônico.	Com a informatização, é natural que o professor exija trabalhos digitados e impressos. Mas nada impede que o professor exija conclusões com as próprias palavras sobre o que foi pesquisado; isso evita que os alunos imprimam trabalhos inteiros ou resumos sem os ler. Hoje, existe a opção de o aluno entregar trabalhos por meio eletrônico (ex.: pen-drive ou e-mail). Penso que esta é uma solução com dois lados opostos: ela evita o acúmulo de papéis, mas pode propagar vírus para o computador do professor. Ela é rápida e pode ser entregue a qualquer hora e lugar, mas, se o professor lecionar em muitas escolas, pode se atrapalhar. Enfim, a escolha cabe ao professor.
e) Número mínimo de folhas e/ou linhas	Isso tem que ficar claro para os alunos, pois eles tendem a alegar, caso o docente pontue menos por pouca produção, que "o professor não estabeleceu limites". Além de alegarem que "se pode dizer muito em poucas linhas". Como sugestão, indico uma produção **a partir** de 60 linhas ou duas laudas (só no anteverso). Mas o professor deve saber que a extensão de um trabalho depende de alguns fatores, como o tema, o foco, a pontuação e o nível dos alunos. Cabe ao professor ser razoável. Por exemplo, é inadmissível que alunos do 1º ano do Ensino Médio escrevam uma "Monografia"!
f) Capricho na organização e na apresentação	É muito comum o aluno alegar que "o que vale é o conteúdo, não a beleza". Muitas vezes, isso não passa de uma desculpa para ele entregar trabalhos desorganizados e desleixados (desordenados, amassados e até rabiscados). Daí a importância da conversa prévia com seus alunos. Por exemplo, o professor deve combinar como deve ser a capa, as margens, a fonte, a disposição das figuras, a fonte da pesquisa e outros detalhes antes da entrega definitiva dos mesmos. E frisar que tudo isso também será pontuado!
g) Prazo de realização e de entrega	O professor deve estabelecer uma data de entrega do trabalho. Talvez uma semana ou quinze dias seja um tempo razoável. O ideal é não se estender demais, pois os adolescentes (como a maioria dos brasileiros) tendem a deixar tudo para a última hora. Tampouco deixar datas em aberto. Outra sugestão importante: se algum aluno não entregar o trabalho no prazo, receba-o, porém retire ponto por atraso, pois isso valoriza o aluno pontual. Contudo, devo lembrar que haverá situações em que, verdadeiramente, o aluno não pode entregar a pesquisa no prazo determinado. Em caso de dúvidas, se informe na coordenação pedagógica. Uma última dica: é bom que se exija uma "lista assinada pelos alunos de entrega do trabalho", pois alguns deles podem alegar que o professor o perdeu e não querer fazer outro. **Em tempo: os conselhos daqui valem para todos os tipos de trabalho.**

16) Sobre o passeio-aula: sem dúvida, esta é a atividade que todo estudante gosta. Sair da escola com a "galera" proporciona muito prazer! Aliás, este tipo de aula pode ser realizado com disciplinas afins, como Sociologia, História e Artes. No entanto, para que esta atividade seja bem-sucedida, é importante seguir algumas dicas abaixo:

a) Exponha seu objetivo ou elabore um projeto para a coordenação pedagógica e para a direção da escola;

b) Acompanhe ou coordene todos os detalhes do passeio: o contato com a viação, os horários de saída e chegada, o número de alunos, professores auxiliares, o preço final, o traje e o lanche.

c) Atente para o fato de que alguns alunos não poderão pagar o transporte e/ou o ingresso (geralmente, os locais ou eventos cobram ingresso de estudantes da rede privada e dá gratuidade ou reduz o preço para estudantes da rede pública);

d) Lembre-se do lanche, das autorizações dos pais (quando menores de idade) e de objetos indispensáveis para determinados passeios, tais como: câmera, dinheiro, roupas, copos, bolas etc.

17) Sobre a confecção de maquete: é uma atividade pouco utilizada por tomar muito tempo, mas desperta talento artístico (estético) do aluno e a cooperação em grupo. É uma atividade também muito envolvente, pois muitos alunos gostam de trabalhos artesanais. Trata-se, pois, de um trabalho "reflexivo-manual". O ideal é que seja realizado na sala de aula, pois, em casa, os pais tendem a ajudar os seus filhos. Isto, quando não fazem as maquetes por eles. O professor deve ter em mente que toda atividade em sala, realizada pelo próprio aluno, sempre é mais proveitosa. É por meio desses trabalhos que o professor consegue avaliar melhor o discente. Outra observação importante: o profissional deve observar atentamente e depois distinguir os alunos que realmente "não podem" dos que "não querem" realizar esta atividade. Mais uma vez, enfatize que a participação de cada um, seja individual ou em grupo, vale pontos.

18) Sobre a palestra: acho que esta é uma atividade que estimula o aprofundamento de certos conhecimentos. Quando o diretor ou o professor leva à escola um profissional habilitado para falar de um assunto no qual interessa aos adolescentes, ele está propiciando uma aproximação maior com o saber, digo, a própria amizade ao saber. Penso que, pelo menos uma vez por semestre, isso é possível em qualquer escola. Pode ser um ginecologista, uma psicóloga, um advogado ou mesmo um funcionário da prefeitura ou do estado. Um filósofo também será muito bem-vindo. Aliás, já trabalhei em escolas que professores convidavam colegas de outras escolas e até uns pais (qualificados) a fim de palestrar para suas turmas. Essa atividade pode ser realizada no auditório e, inclusive, na própria sala de aula. O que importa é a elucidação de certos temas, muitas vezes tão óbvios, mas não tão esclarecidos para o público juvenil. Quanto ao pagamento de honorários, isso depende da verba da escola, mas também varia de profissional para profissional. Há palestrantes que preferem não cobrar honorários para escolas públicas, outros, porém, cobram um valor simbólico.

5.2 Elaborando projetos pedagógicos em Filosofia

Vimos que os Parâmetros Curriculares Nacionais destinam um papel especial à Filosofia no Ensino Médio. A Filosofia, por ser uma disciplina abrangente, isto é, que abarca questões de todas as ciências, tem essa capacidade de perpassar por todas as disciplinas escolares. Pedagogicamente, pode ir muito além, servindo como integradora de tais disciplinas, qual seja, buscar as conexões existentes entre todos os saberes através de um tema comum. Isso ficou claro quando falei de **interdisciplinaridade**. Como geradora e "benfeitora" de todas as ciências, a Filosofia consegue penetrar nos conhecimentos estabelecidos e, ao mesmo tempo, "transversalizá-los", isto é, está entre eles e vai para além deles, abrindo caminhos para novas descobertas e novos conhecimentos. Nesse sentido, a Filosofia é **transdisciplinar**, pois seu foco de ensino não se circunscreve somente dentro de seu objeto de estudo. Veja a seguir o que nos diz o PCN: "Possuindo uma natureza "transdisciplinar", a Filosofia pode cooperar decisivamente no trabalho de articulação dos diversos sistemas teóricos e conceituais curriculares, quer seja oferecida como disciplina específica, quer, quando for o caso, estejam inseridos no currículo escolar sob a forma de **atividades, projetos, programas de estudo**" (PCN, 1999: 329, grifo nosso).

Nesse contexto, a Filosofia ganha força como uma disciplina que tem a missão de atender as demandas atuais da sociedade, tratando das questões que interfiram na vida dos alunos, nossos futuros cidadãos. E, no âmbito escolar, a Filosofia deve ter essa competência para incitar e gerir projetos e atividades que contribuam diretamente para a dignidade da pessoa humana e na construção de uma sociedade mais justa e solidária. Mas a Filosofia não deve fazer essa tarefa sozinha. Os projetos só sairão do papel se houver um esforço conjunto entre a equipe administrativa e a pedagógica da escola, com a cooperação dos colegas das demais disciplinas e até com a colaboração dos responsáveis dos alunos.

Na prática, o projeto pedagógico (ou projetos) deve ser elaborado no início do ano letivo ou de um determinado período escolar, durante as reuniões de planejamento de ensino. O professor iniciante deve interagir com a equipe pedagógica na elaboração desses projetos. As tarefas devem ser divididas justamente, de modo que não sobrecarregue ninguém. Há escolas que elaboram projetos que envolvem toda a comunidade escolar, outras elaboram projetos por área de ensino (Humanas, Natureza e Tecnológicas), já há outras que os elaboram por modalidade de ensino (Curso Normal, Formação Geral, Curso Técnico, EJA). E, ainda, há escolas que os elaboram agrupando disciplinas (Filosofia com Sociologia; Matemática com Física, Língua Portuguesa com Língua Estrangeira). O ideal é que se faça um projeto integrado.

Quanto ao tema do projeto, este deve ser relevante e oportuno para todos, principalmente para o seu público-alvo: os adolescentes. Será mais interessante para eles um projeto que correlaciona as atividades com os seus interesses. Como sugestão bibliográfica, cito os Temas Transversais do PCN (Ensino Fundamental). Eles constituem uma ótima base para os projetos, pois nos trazem abordagens que não se restringem a uma única área de conhecimento, mas permeiam as concepções, objetivos, conteúdos e orientações didáticas das diferentes áreas de ensino; além disso, sempre se mostram bastante atuais. São eles:

- Ética
- Saúde
- Orientação sexual
- Meio ambiente
- Trabalho e consumo
- Pluralidade cultural

Os projetos podem ser trabalhados paralelo às aulas, em verdade, simultaneamente, pois suas atividades devem ser coadunadas com os conteúdos elaborados no planejamento de ensino. Geralmente, ele dura o ano letivo inteiro, mas nada impede de realizá-lo por um determinado período, por exemplo, por semestre ou por bimestre (ou trimestre). Como costuma-se dizer, o planejamento é flexível, e essa prática também se aplica aos projetos, logo, caberá aos envolvidos na elaboração do projeto avaliar todas as condições para que o mesmo saia do papel. E qualquer que seja o seu propósito, os seus organizadores – vale reforçar – devem sempre ter como alvo o corpo discente, pois são eles a razão da educação. Quero dizer com isso que o plano não deve pretender uma mera exibição para a direção ou pais (responsáveis). Também é interessante que todas as atividades valham pontos, pois isto incentiva os alunos a participarem.

Vamos conhecer os tipos de projetos pedagógicos:

1) Projeto Pedagógico Disciplinar: é uma maneira de organizar e delimitar um território de trabalho, de concentrar a pesquisa e as experiências dentro de um único ângulo de visão. Por exemplo, os professores de Filosofia do 1º, 2º e 3º anos da escola se unem para elaborar um projeto único sobre "A moral na cultura brasileira".

2) Projeto Pedagógico Interdisciplinar: consiste na interação entre duas ou mais disciplinas, e até na transferência de métodos de uma para outra, que tendem a ansiar pela totalidade. Por exemplo, uma associação entre as disciplinas das Ciências da Natureza da escola para elaborar um projeto único sobre "Meio Ambiente". Ou ainda: a associação das disciplinas das áreas Humanas ou Sociais para trabalhar "Política" em ano eleitoral.

3) Projeto Pedagógico Pluridisciplinar: consiste no estudo de um mesmo objeto por várias disciplinas, não havendo conexão entre elas, a não ser o objeto e o objetivo em comum. Geralmente, esse tipo de projeto é incitado pelo pedagogo da escola, mas é elaborado, conjuntamente, com o corpo docente de todas as áreas de conhecimento. Por exemplo, aproveitando o ensejo e o momento, todo o corpo docente da escola decide elaborar um projeto único sobre "Olimpíadas no Brasil".

É importante lembrar que todo projeto tem como conclusão a chamada "culminância", que significa o ponto máximo, isto é, o ápice de todo programa desenvolvido ao longo do período planejado. Contudo, todo professor envolvido deve perceber que o mais importante não é "o ápice" do processo, mas sim o "caminho percorrido". Durante esta jornada, acredito que haverá erros e acertos, desânimo e motivações, ônus e bônus, não só para os alunos, mas para toda a comunidade escolar. Todo projeto é uma união de forças. Portanto, ele só será compensador se todos os seus participantes (inclusive pais) se envolverem em prol do enriquecimento da educação. Por isso que o "durante" é mais importante do que a "chegada".

Visando o professor iniciante, a seguir apresento um modelo de um projeto interdisciplinar. Procurei fazê-lo o mais completo possível, inclusive com um espaço, ao final, para a reavaliação do mesmo pelos seus responsáveis. Lembrando sempre que isto é apenas uma sugestão e que o professor tem toda autonomia para modificá-lo conforme lhe convém.

Tabela 7: Modelo de Projeto Pedagógico Interdisciplinar

COLÉGIO ESTADUAL FILÓSOFA ROSA LUXEMBURGO
NÍVEL/MODALIDADE: Ensino Médio/Formação Geral
DISCIPLINA: Filosofia, Sociologia e História
TURMAS: 1001 e 1002; 2001 e 2002; 3001 e 3002

SÉRIE/NÍVEL: 1º, 2º e 3º anos
PROFESSORES: Kepler, Galileu e Newton
ANO LETIVO: 2013

Justificativa:
1) Considerando as crescentes injustiças, a corrupção e o egoísmo presentes em nossa gente e sociedade.
2) Considerando a falta de formação, de informação e a indiferença de nossos jovens e de nosso povo em relação à política.
3) Considerando que as disciplinas de Filosofia, Sociologia e História podem contribuir para uma sociedade mais justa, livre e solidária.
Este projeto tem como **objetivo geral**: *formar cidadãos com valores éticos e comprometidos com a política brasileira.*

TEMA: "VOTO CERTO É VOTO CONSCIENTE"

Objetivo específico	Etapa	Período	Recursos	Desenvolvimento	Avaliação
Discutir e analisar o melhor projeto para a escola	1ª) Elaboração do projeto	Junho	A critério da equipe pedagógica.	– Reunião dos professores das três disciplinas do orientador pedagógico para: a) Decisão do tema e justificativa. b) Divisão das tarefas: elaboração de aulas teóricas, confecção de material, agendamento de atividades etc.	– Equipe pedagógica e corpo docente devem analisar experiências anteriores de projetos na escola.
Criar o hábito de organização e responsabilidade coletiva	2ª) Estruturação das chapas	Julho*	– Amplificador de som, microfone.	– Realizar as inscrições das chapas para o grêmio estudantil da unidade escolar. – Trazer um integrante do grêmio (de outra escola) para palestrar sobre o funcionamento do grêmio estudantil.	– Avaliar a capacidade de organização e de responsabilidade dos alunos.
Compreender conceitos da Filosofia Política e reconhecer o Sistema Eleitoral Brasileiro	3ª) AULAS TEÓRICAS: A Filosofia Política e o Sistema Político no Brasil	Agosto	– Marcador de quadro ou lousa, giz e apagador; – Notebook ou computador com acesso à internet.	– Trabalhar com os alunos os seguintes conceitos (aula expositiva): a) Cidadania, democracia, eleição, requisitos para candidatura, partidos políticos etc. b) Cargos e funções políticas: -**Poder Legislativo:** vereador, deputados estadual e federal e senador. -**Poder Executivo:** prefeito, secretários municipais e estaduais, governador, presidente e ministros de Estado. -**Poder Judiciário:** defensor, promotor, juiz, desembargador e ministro do STF. – Enumerar os principais partidos políticos do Brasil.	– Pesquisa informatizada. – Seminário. – Redação dissertativa. – Resumo e resenha de textos jornalísticos. – Critérios: x itens; prazo: x dias; valor: x pontos.

(O mês de julho tem recesso escolar)

Ilustrar a política brasileira; ampliar a visão política da comunidade escolar.	4ª) AULA PRÁTICA: Desenvolvendo a consciência política	Setembro	– Aparelho de DVD ou similar. – Todo o material útil para confecção de mural.	– Exibição de filme cujo tema critica a forma política no Brasil (eleições, candidatura, forma de governo etc). – Exposição de trabalhos sobre o assunto, desenvolvidos ao longo do projeto.	– Critérios: x itens; prazo: x dias; valor: x pontos.
Compreender o funcionamento de um Parlamento; expressar a liberdade política.	5ª) AULA PRÁTICA: Desenvolvendo a cidadania	Outubro	– Ônibus para o passeio. – Cartazes.	– Aula-passeio para a Câmara dos Vereadores do município em dia de sessão. – Divulgação dos respectivos "programas de governo" das chapas que concorrem à eleição para o grêmio estudantil.	– Critérios: x itens; prazo: x dias, valor: x pontos.
Compreender, na prática, o processo democrático.	6ª) CULMINÂNCIA: ápice da democracia	Novembro	– Microfone e amplificador para o debate. – Todo material para o pleito (urna, cabine, lista de eleitores etc.).	– Debate no auditório entre candidatos ao grêmio estudantil da unidade escolar. – Realização do pleito, apuração dos votos e divulgação da chapa vencedora para a gestão dos próximos dois anos.	– Critérios: x itens; prazo: x dias; valor: x pontos.
Reavaliar a melhor maneira de trabalhar os projetos para a escola.	7ª) Avaliação do projeto	Dezembro	Questionário de avaliação (em grupo).	– Reunião com as pessoas envolvidas no projeto: a) direção; b) equipe pedagógica; c) professores; d) alunos representantes de turma; – Discutir e registrar os erros e acertos e apresentar soluções para o próximo projeto.	Toda equipe deve registrar e avaliar todo o processo do projeto pedagógico (numa reunião pedagógica).

Referências (sugestões):

– BRASIL. *Constituição federal, código civil e código de processo civil*. Organização de textos, notas remissivas e índice por Anne Joyce Angher, 3. ed. São Paulo: Rideel, 2003.
– CHAUÍ, M. *Convite à Filosofia*. São Paulo: Ática, 2001.
– Código Eleitoral Brasileiro. Disponível em: www.tse.gov.br. – Acesso em: fev. 2010.

6
A AVALIAÇÃO EM FILOSOFIA

*Devemos proporcionar ao aluno vivências enriquecedoras
e favorecedoras à sua ampliação do saber.*
Jussara Hoffman

Costuma-se dizer que a avaliação é o ápice do processo ensino-aprendizagem. É por meio da avaliação que o professor verifica a concreta aprendizagem dos seus alunos e, através dela, consegue averiguar como anda o seu processo de ensino. Por isso que uma das maiores dificuldades, sobretudo do professor iniciante, é avaliar o seu aluno. A verdade é que estes profissionais ainda não sabem avaliar, basicamente, por dois motivos. Em primeiro lugar, o educador inexperiente peca por tomar como modelo de avaliação a maneira pela qual nossos professores, na universidade, nos examinavam. Aliás, cabe aqui uma crítica: em muitas licenciaturas não é ensinado como avaliar criteriosamente os alunos do Ensino Médio. Em segundo lugar, como o professor iniciante não tem parâmetros, então avalia o seu aluno por comparação, ou seja, exige dele que seja tão bom quanto o melhor aluno da classe. Estas atitudes são equivocadas, pois o professor deve considerar que os estudantes ainda não adquiriram o "hábito filosófico", ou melhor, a sua metodologia. E o pior: em se tratando da realidade da maioria dos colégios, considerar que eles nunca tiveram Filosofia!

Jussara Hoffman, especialista em avaliação, diz que esta não deve quantificar ou classificar o aluno, mas atuar como mediadora, e o professor, por sua vez, deve ser o intermediário desse processo de aprendizagem do aluno. Realmente, é muito difícil ser justo no momento de avaliar. Como costumo dizer, é só na prática que vamos aprender a avaliar sem cometer injustiças. Mas como, na prática, ser justo? Como usar o bom senso? O fato é que há situações bastante embaraçosas no cotidiano escolar e que têm que ser resolvidas. Por exemplo, será que podemos usar a mesma fórmula da Matemática, cuja metodologia prioriza a exatidão das respostas? Obviamente que não. Entretanto, isso não impede do educador de Filosofia exigir um entendimento mínimo dos conteúdos lecionados. Outro exemplo: é comum encontrarmos alunos que apresentam baixo rendimento em atividades ou avaliações escritas (provas, resumos e afins), mas que apresentam um bom desempenho em tarefas de expressão oral (seminários, debates e afins). Também há situação em que algum aluno tem um ótimo desempenho no aspecto cognitivo, porém falha no aspecto comportamental.

Outro fator muito influente são os critérios de avaliação adotados pela instituição na qual o professor se encontra. Em boa parte delas, o profissional tem a liberdade de estabelecer os critérios. No entanto, em algumas instituições de ensino, ele é submetido a determinadas regras que cerceiam sua liberdade de trabalho. Isso acontece muito em escolas da rede privada. Essa é a realidade que o professor inexperiente vai encontrar. Para o professor que está começando numa nova escola ou rede (seja de que disciplina for), fica aqui o meu conselho: em caso de dúvidas quanto aos critérios de avaliação se informe primeiramente com colegas mais antigos. O ideal é fazer uma avaliação coerente e equilibrada, com "medidas didáticas" iguais para todos.

Como norte de uma avaliação mais justa, indico as seguintes questões:

a) O que estou avaliando no meu aluno?

b) Quais são os critérios de minha avaliação?

c) O que deve ser retido pelo meu aluno?

Em todas as situações, o melhor a se fazer é considerar todas as atividades realizadas pelo aluno e perceber se realmente houve desenvolvimento na etapa a ser avaliada, não apenas no aspecto cognitivo, mas também no seu comportamento e na sua mentalidade. Aliás, estamos formando cidadãos. Decerto que existem alunos que são bastante difíceis de lidar, mas não são todos assim (sobre isso veja o item "A relação com os alunos", no próximo capítulo).

São muitas as considerações sobre a avaliação na prática, mas há coisas essenciais que o filósofo-educador precisa estar atento. Em primeiro lugar, o professor deve abolir a ideia de que a prova (escrita) é o único tipo de avaliação. Tampouco só a frequência. Ambos os elementos ou critérios continuam a existir, porém, hoje, a Pedagogia entende que o aluno também pode ser avaliado sob outras e diversas atividades. E isso pode ser notado tanto numa avaliação escrita como na menor atitude do cotidiano. Por exemplo, quando o aluno, numa redação, apresentou uma melhora na sua forma de argumentar. Ou quando o aluno preguiçoso passa a participar de uma atividade prática com mais afinco; ou ainda, quando o aluno tímido passa a interagir com os demais colegas da turma. Lembre-se: o que pode parecer pequeno para o professor, para o aluno adolescente, que é um ser humano em formação, é um grande passo em sua vida.

Uma última consideração importante a declarar: o professor pode mesclar as atividades didáticas com as avaliações. Por exemplo, quando o professor solicita aos alunos fazer um resumo ou um comentário de um texto filosófico, após a sua leitura e interpretação, isso já caracteriza uma atividade avaliativa. Quero dizer com isto que não é somente os trabalhos do período que podem ser pontuados, uma simples atividade de aula pode transformar-se em oportunidade de avaliação e valer pontos.

Quanto à duração das avaliações, depende do tempo disponível e do planejamento do professor. Há avaliações que demoram apenas um tempo, como um simples teste; há outras que demoram dois tempos inteiros, como resumos e resenhas de um texto, como há outras que duram todas as aulas, como a participação nas atividades propostas. O mesmo se diz da distribuição dos pontos; como já foi dito, isso sempre vai depender dos critérios da escola ou da rede de ensino ou até mesmo do professor.

Na tabela a seguir descrevo as mais comuns avaliações didáticas que podem ajudar o professor a examinar com sucesso os seus alunos. Na verdade, são exames que podem ser aplicados em quase todas as disciplinas. Deixo claro que as avaliações que se seguem – tal como as atividades didáticas mencionadas anteriormente – são apenas sugestões e não padrões a serem seguidos. Logo, caberá ao professor aproveitá-las parcial ou totalmente e adequá-las a sua realidade. São elas:

Tabela 8: Avaliação em Filosofia

Tipo de avaliação	Duração	Compo-nentes	Recursos	Desenvolvimento
1) Prova ou Teste objetivo	1 ou 2 tempos (50 min. cada).	Individual ou em dupla.	Folha de papel-ofício.	O professor, com antecedência, elabora questões numa folha e entrega para a coordenação pedagógica, a fim de reproduzi-las para suas turmas. A prova pode conter questões objetivas (múltipla escolha, numere as lacunas, relacione as colunas, coloque V – Verdadeiro ou F – Falso), dissertativas (complete a frase ou o quadro, explique ou justifique a afirmação etc.) ou pode ser mesclada. O número de páginas também vai depender do tempo de aplicação do conteúdo trabalhado. O professor então aplica (e fiscaliza) a sua prova no dia agendado com a turma. Em muitos colégios ocorre a chamada "semana de avaliação". Nesta semana, os professores podem aplicar e fiscalizar a sua própria prova ou a dos colegas.
2) Redação dissertativa	1 ou 2 tempos.	Individual ou em dupla.	Folha de caderno ou de papel-ofício.	O professor apresenta um tema, relativo ao conteúdo dado, através de um enunciado (de preferência numa folha de papel-ofício) e pede para os alunos dissertarem sobre o tema. A redação deve ter um mínimo de linhas (sugestão: a partir de 30 linhas). Terminado o tempo, o professor recolhe as redações e depois as corrige. Na próxima aula, ele devolve as redações aos alunos, faz observações sobre os seus erros e acertos e, em seguida, comunica as suas notas (ou conceitos). Os comentários podem ser feitos abertamente (se houver erros comuns) ou particularmente (em caso de erros isolados).
3) Resumo e resenha de texto	1 ou 2 tempos.	Individual ou em dupla.	Folha de caderno ou de papel-ofício.	Após a explicação do texto (ver no capítulo anterior, em Atividades didáticas "leitura de texto filosófico" ou "leitura de periódicos"), o professor pede para a turma fazer um resumo e/ou uma crítica do texto. É preciso deixar claro para o aluno que "resumo" reconta – de forma breve – os fatos do texto e a "resenha" é um comentário crítico sobre o escrito do autor. Todavia, podem ser misturados os dois estilos, privilegiando o último. Os passos seguintes são os mesmos da "redação dissertativa".
4) Arguição	1 tempo.	Individual ou em grupo.	Nenhum.	O professor chama à sua mesa cada aluno ou o grupo. O professor deve ter à mão variadas perguntas referentes ao(s) conteúdo(s) dado(s) e, em seguida, interroga o(s) aluno(s), concedendo-lhe(s) um tempo máximo para cada resposta (talvez um minuto). Quanto à pontuação, mesmo em dupla (ou em grupo), o professor deve lançar nota individualmente, de acordo com a quantidade de respostas corretas.

5) Participação nas atividades	Todo o período letivo.	Individual.	A critério do professor.	O professor avalia toda e cada participação do aluno nas atividades propostas pela escola (eventos cívicos, festivos etc.) e, principalmente, as propostas do próprio professor. Vale pontos para as atividades de classe e extraclasse. Como critérios básicos, podemos citar os seguintes: interesse, pontualidade, envolvimento nas tarefas, trabalho em equipe, criatividade e responsabilidade com seu material. O professor deve levar em conta tanto atividades individuais (provas, testes, arguições etc.) como em grupos (aulas-passeio, seminários, debates etc.). É importante destacar que a pontuação da participação não deve ter peso maior que as outras, pois ela é um complemento das demais.
6) Disciplina (ou comportamento)	Todo o período letivo.	Individual.	Nenhum.	O professor deve levar em conta a conduta do aluno ou da turma durante cada aula do ano letivo. Essa conduta deve considerar a relação consigo mesmo, com os professores, funcionários, equipe administrativa, equipe pedagógica e com os demais colegas da turma. Como principais critérios de disciplina, posso citar: responsabilidade, respeito, urbanidade, limpeza, individualidade, compreensão, solidariedade e união.
7) Assiduidade (ou frequência)	Todo o período letivo.	Individual.	Nenhum.	O professor vai avaliar o aluno através da planilha de frequência na sua aula. Ele deve anotar a presença ou a ausência em cada tempo de sua aula. Pela LDB, o aluno não deve ter menos que 75% de frequência e mais que 25% de faltas durante todo o ano letivo. Caso obtenha número de presença igual ou superior a esse índice, o aluno então deve ser aprovado; do contrário, mesmo com bom conceito, deve ser reprovado. O professor deve calcular periodicamente (por bimestre/trimestre) esta frequência (sempre em relação às suas aulas dadas) e repassá-la para a secretaria da escola. Esta, por sua vez, tem o dever de comunicar aos pais, e estes, como responsáveis, devem justificar as ausências (doença, viagem urgente, falecimento de familiar etc.), caso seja necessário.
8) A recuperação	Depende do colégio ou da rede escolar.	Individual.	A critério do professor.	Cada escola tem uma forma e um determinado tempo para a recuperação. Esse tempo pode ser paralelo ao período letivo (bimestre, trimestre etc.) ou através de um período reservado para isso (uma semana ou mais). Cabe ao professor passar uma nova prova, um novo trabalho ou qualquer outra atividade com base nos conteúdos que não foram bem-assimilados pelo aluno durante este período. Quanto à pontuação da recuperação, também vai depender dos critérios do colégio, da rede de ensino ou do próprio professor.

6.1 Considerações sobre as avaliações

1) Sobre a prova ou o teste objetivo: como disse anteriormente, na acepção atual, a prova não é mais o único instrumento de avaliação. Como todo ser humano, o aluno pode estar doente, indisposto ou nervoso, justamente no dia da prova. É uma discussão antiga; todavia, sabemos que, a despeito das críticas, a prova ainda é um dos mais eficazes modos de examinar o educando, pois auxilia o professor a verificar diretamente o que o aluno reteve dos conteúdos lecionados até aquele momento.

Normalmente é o próprio professor que elabora a sua prova, mas também é de praxe o grupo de professores de uma disciplina em comum elaborar a avaliação conjuntamente. Há professores que permitem que sua prova seja feita em dupla ou com consulta ou de ambas as formas. Particularmente, prefiro a forma tradicional, ou seja, individual e sem consulta, pois penso que o aluno teve tempo para sanar suas dúvidas durante as aulas. Entretanto, não raras vezes, costumo aplicar provas com interpretação de textos filosóficos, o que não deixa de ser uma consulta. Penso que, em algumas ocasiões, o modo tradicionalista é oportuno, porém nada impede de o professor mesclar diferentes modos de avaliação. Como venho afirmando aqui, o professor tem autonomia para decidir sobre a sua forma de trabalho.

Aqui vão algumas dicas para se trabalhar com este tipo de avaliação:

a) Coloque o cabeçalho completo (colégio, curso, série/nível, disciplina, professor, turma, data, aluno e número); lembre-se: o professor sempre tem muitas turmas.

b) Digite a prova de forma apresentável, com margens adequadas e fonte legível (sugestão: arial ou times new roman; n. 12).

c) Tanto nas questões objetivas quanto nas dissertativas, utilize verbos incisivos nos enunciados, como: numere/analise/relacione/explique/marque.

d) Coloque o valor das questões nos enunciados das mesmas, pois é interessante que o aluno saiba quanto vai perder ou ganhar ao fazer a questão (0,5 pontos; 1 ponto etc.).

e) É didaticamente aconselhável diversificar as questões, a fim de que a prova não fique cansativa nem para o aluno, nem para o professor. Para o primeiro, porque provavelmente fará outra(s) prova(s) de outra disciplina no mesmo dia. Para o segundo, porque, certamente, terá muitas provas para corrigir (desta e de outras turmas).

f) Aumente o grau de dificuldade da prova, de acordo com a série e grau do aluno, e verifique se algum dado de alguma questão está sendo uma "pista" para outra.

g) Não admita rasuras, nem receba provas a lápis, pois alguns alunos tendem a fraudar questões da prova. O ideal é que façam a lápis e depois cubram as respostas a caneta.

h) Cuidado com as famosas "colas": antes da aplicação da prova, verifique mesas, cadeiras, a lousa, e peça aos alunos para guardar o material desnecessário, inclusive os aparelhos eletrônicos; os adolescentes são muito astutos para isso.

i) Durante a realização da prova, não admita conversas, gracejos ou empréstimo de material, isso facilita a "cola"; aliás, se o professor tiver turmas numerosas ou, se não for o aplicador de sua prova, é recomendável que elabore provas em duas ou três fileiras (Fila A, Fila B, Fila C), isto é, provas com questões diferentes e/ou trocadas.

j) Crie um banco de questões; com certeza, elas serão utilizadas em outros colégios, séries ou turmas e, provavelmente, nos mesmos colégios em anos posteriores. No final desta obra, o professor pode contar com cem exercícios modelos (objetivos).

k) Na correção da prova, em questões objetivas, pontue de acordo com o que foi anunciado na questão; em questões dissertativas, tente "aproveitar" o que o aluno quis dizer.

l) Cuidado com as questões que o aluno deixou de fazer; sinalize-as, pois isso evitará que o aluno – posteriormente – as faça e alegue que você, professor, não as corrigiu.

Para que o professor possa entender estas dicas, abaixo forneço um exemplo de prova objetiva, mesclada com questões dissertativas:

COLÉGIO ESTADUAL BARÃO DE MONTESQUIEU
CURSO: Formação Geral
DISCIPLINA: Filosofia
ALUNO(A):

SÉRIE: 2º ano
PROFESSOR: Heráclito
NÚMERO:
DATA: 10/10/14

AVALIAÇÃO DO 4º BIMESTRE (FILA A) – 0 a 5 pontos

1) Baseado em nossa aula sobre Epistemologia, cite abaixo exemplos de disciplinas de cada área da ciência: (0,25 ponto cada item)

Humanas			
Natureza			
Tecnológica			
Exatas			

2) Marque a **única** alternativa que apresenta (nos três verbos) um raciocínio lógico já desenvolvido (isto é, raciocínios que uma criança ainda **não** é capaz): (1 ponto)

a) contar / imaginar / pensar;
b) diferenciar / refletir / sonhar;
c) investigar / enganar / perceber;
d) discernir / abstrair / interpretar.

3) Baseado em nossas aulas sobre as ideias dos filósofos, marque Verdadeiro (**V**) ou Falso (**F**): (0,2 ponto cada item)
( ) Platão, filósofo grego, foi o idealizador de vários saberes importantes da Filosofia ocidental.
( ) Jean-Paul Sartre, filósofo francês, foi o idealizador dos problemas do consciente e do inconsciente.
( ) Tomás de Aquino, filósofo italiano, foi o idealizador de questões essenciais do cristianismo.
( ) John Locke, filósofo inglês, foi o idealizador do racionalismo e do "método da dúvida".
( ) Leonardo Boff, filósofo brasileiro, foi o idealizador da Filosofia no Ensino Médio no Brasil.

4) Leias as informações abaixo sobre a história da Filosofia e depois marque: **(I)** Pré-história; **(II)** Idade Antiga; **(III)** Idade Média; **(IV)** Idade Moderna; **(V)** Idade Contemporânea: (0,2 ponto cada item)

( ) Nesta época, a Igreja Católica tinha o domínio da mentalidade, a Filosofia é submetida à Teologia, numa composição de fé e razão.
( ) Nesta época, as pessoas tinham consciência dos seus direitos e deveres; o conhecimento e a tecnologia são supervalorizados.
( ) Nesta época, valorizava-se a racionalidade, a ciência e a criatividade do homem; ocorre a separação entre religião e filosofia.
( ) Nesta época, surge e decai grandes impérios; nasce a Filosofia na Grécia e, posteriormente, desenvolve-se em Roma.
( ) Nesta época, surge a escrita; o homem sabia, mas ainda não tinha consciência de sua capacidade intelectual.

5) *"Política não se discute."* Comente esse pensamento (ou dito) popular, à luz da Filosofia e da situação de corrupção no nosso país: (1 ponto)

2) Sobre a redação dissertativa: no contexto da metodologia filosófica, este tipo de redação tem mais relevância do que as redações descritivas e narrativas. Ao dissertar ou discorrer sobre algo, permitimos ao aluno expor e desenvolver as suas ideias, até porque é através de uma redação dissertativa que podemos observar, diretamente, o progresso do aluno em Filosofia. A ideia é que ele apresente retenção do essencial em seus escritos. Por exemplo, temos o seguinte enunciado de uma questão: "O que é Filosofia? O que ela estuda? E quem são os filósofos?" Ora, embora o aluno possa discorrer sobre muitas coisas a respeito sobre o assunto, contudo, em sua resposta, ele deverá demonstrar – minimamente – que a Filosofia é o amor ou a amizade ao saber; que ela estuda a realidade em geral; e que os filósofos são os sábios que estudam ou praticam a Filosofia. Feita desta forma, o professor deve considerar, no momento da correção, esta parte, pontuando-a proporcionalmente. Se a questão vale de 0 a 1,0 ponto, talvez deva pontuar, no mínimo, 0,5).

Abaixo, vão algumas dicas sobre este tipo de avaliação:

a) Elabore as questões utilizando verbos claros para o aluno como: analise/comente/justifique/explique a questão.

b) Comece com redações pequenas (10 a 15 linhas).

c) Enriqueça o enunciado, com alguns dados (históricos, jornalísticos e filosóficos) e expressões; isso auxilia o aluno a desenvolver a questão.

d) Corrija (sinalize) os erros de português, pelo menos os óbvios (ortografia, pontuação, acentos); neste contexto, o docente de Filosofia também é de Língua Portuguesa.

e) Corrija a estrutura do texto (parágrafo, margens, espaços etc.).

f) Corrija a coesão e a coerência no texto.

g) Após a correção, pontue a redação.

Abaixo é dado um exemplo de questão dissertativa; é um caso verídico que deve ser associado ao conteúdo de Ética e Moral. Vejamos:

Baseado em nossa aula sobre Ética, comente o caso dos "Sobreviventes dos Andes", nas linhas abaixo, considerando as circunstâncias do acontecimento, a moral religiosa e o senso comum. Nessa situação, o que você faria? Justifique o seu comentário: (mínimo de 10 linhas, 2 pontos)

> Em 1973, um avião uruguaio, com destino ao Chile, que transportava 45 passageiros, caiu no topo de uma imensa, gélida e deserta montanha na Cordilheira dos Andes, entre a Argentina e o Chile. Como o rádio estava quebrado, as condições na montanha eram inóspitas e, devido às fortes nevascas, as equipes de resgate já os consideravam como mortos. No décimo dia, a comida dos passageiros terminou e aqueles que sobreviveram à queda só tinham como alimento a água do gelo (derretida pelo sol). Então, os sobreviventes decidiram que era hora de não depender mais de ajuda externa. Para isso, o grupo tomou uma decisão crucial: **comer a carne dos companheiros mortos** no desastre. Houve resistência no início, mas a sobrevivência falou mais alto. Aqueles que se opuseram adoeceram e faleceram. Após 70 dias, dos 45, apenas 16 passageiros foram resgatados [...]. O fato foi transformado em livro (*Os sobreviventes*) e em filme (*Vivos*).

Resposta básica do aluno: *é uma situação inusitada, pois eles caíram num lugar ermo. Não tinham comida há dias, estavam ficando doentes e alguns estavam, literalmente, morrendo de fome. Pela religião cristã (a maioria dos uruguaios são cristãos), eles não poderiam comer a carne dos seus semelhantes, que já estavam mortos, pois isso caracterizaria "canibalismo" e essa atitude é reprovável não só pela moral religiosa, como também pelo senso comum. Mas as circunstâncias os deixaram num dilema: ou eles comeriam os cadáveres (congelados pela neve) ou eles morreriam de fome; em outras palavras, ou obedeceriam aos preceitos religiosos (a fé) ou seguiriam os instintos naturais (a vida). Como a ética prima pela sobrevivência, logo, sob aquelas condições, penso que eles não foram imorais ou antiéticos; na verdade, foram éticos, pois, ao* *comerem a carne dos mortos, estavam se mantendo vivos, na esperança de serem resgatados.*

3) Sobre o resumo e resenha de texto: ambos são de suma importância para a redação filosófica. O resumo é um propedêutico da resenha. Ele serve para organizar os fatos do texto; já a resenha, estimula a crítica, a análise e o aprofundamento de um assunto. Todos os alunos são capazes de desenvolver esse aspecto. No entanto, o professor irá notar que poucos são aptos, até porque a maioria dos adolescentes só gosta de ler jornais ou revistas de baixo nível cultural (fofocas, astrologia, *teen* etc.). Por isso que é urgente a tarefa de estimular atividades que criem e consolidem o hábito da leitura. Só quem lê bastante escreve bem. E a Filosofia pode contribuir imensamente para isso.

4) Sobre a arguição: todos sabem que este tipo de avaliação é um método tradicional e ultrapassado de aferir a apreensão de conteúdo. No entanto, assim como a prova, em determinadas ocasiões, possui o seu valor. Por exemplo, no momento de um seminário, o professor pode arguir os alunos e verificar se realmente pesquisaram o tema. Pode também ser usado como teste-surpresa, com a finalidade de verificar a constância do estudo dos alunos. Mas o professor deve levar em conta que é um tipo de avaliação muito demorado, caso ele chame aluno por aluno. No entanto, se for aplicado sobre um grupo de cada vez (a cada aula), talvez seja eficaz. Outra consideração: a arguição é uma avaliação que desconcentra muito a aula, pois, enquanto o professor está ocupado com um aluno (ou um grupo), os demais estão "soltos", e não necessariamente estudando. Por isso que esse tipo de avaliação só funciona bem para turmas pequenas, pois requer demasiado controle do professor.

5) Sobre a participação nas atividades: esse instrumento de avaliação vem ganhando cada vez mais espaço nos critérios adotados pelas escolas. Não basta o aluno estar presente na escola, ele deve interagir, envolver-se nas atividades propostas. Também não basta cumprir, mas o aluno tem que se esforçar para caprichar nas tarefas. No entanto, não podemos confundir responsabilidade com severidade. O professor não pode exigir excessivamente dos "aprendizes", até porque cada série e faixa etária têm um limite de aprendizagem. Além disso, há fatores imprevisíveis que o professor deve levar em conta na avaliação. Como disse anteriormente, há problemas (internos ou externos) que podem impedir determinado aluno ou turma de não realizar plenamente alguma atividade (doença, ausência do professor, greve, confusões familiares etc.). O professor também deve ponderar sobre as participações que não são obrigatórias. Por exemplo, embora saudável, não deve exigir "presença obrigatória" em festas de confraternização da escola. Em contrapartida, o professor deve estar atento para exigir de alguns alunos que reincidem na falta de responsabilidade. Por exemplo: a falta do material escolar (apostila, livro didático, caneta etc.), os atrasos nas aulas, o não comprometimento durante as atividades etc.

6) Sobre a disciplina (ou comportamento): essa avaliação é uma das mais cuidadosas que devemos ter, até porque avaliar de forma justa pessoas cuja identidade ainda está em formação demanda muita observação, ponderação e anos de experiência. Recordemos que estamos lidando com gente numa fase diferenciada: ora, os adolescentes não são nem crianças nem adultos. Eles estão se (re)descobrindo.

Por outro lado, isso não significa que não devemos estabelecer limites para suas vontades. É preciso que pais, a equipe administrativa, a equipe pedagógica e o corpo docente confiram responsabilidade e ensinem bons hábitos a esses adolescentes. Na prática, cada escola tem o seu modo de proceder. Entretanto, todos sabem que a convivência social depende de regras. E normas, independentemente da rede escolar, todas devem ter e obedecer. O mesmo acontece na sala de aula. Ali, conforme já afirmei, o professor é o maestro; por essa razão, deve fazer de seu espaço um lugar disciplinado, respeitoso e agradável de conviver. Aliás, mais uma vez, eis aí a Filosofia. Seus ensinamentos podem contribuir para a Educação, uma vez que trabalha com valores morais.

Ora, são muitas as regras de conduta. Abaixo trago algumas dicas muito úteis para manter a ordem e a boa convivência entre os alunos (no capítulo seguinte descreverei sobre conselhos práticos sobre "domínio de aula"), a saber:

a) Evitar conversar durante a aula (exceto quando a atividade assim o permitir).

b) Manter a si (uniforme, material etc.) e o ambiente escolar limpo e agradável.

c) Respeitar e cooperar com o grupo, com o professor e com a direção, a coordenação e demais funcionários da escola.

c) Pedir permissão ao professor para ir ao banheiro ou para levantar-se de seu lugar.

d) Ser educado com todos, dizendo palavras cordiais, tais como: bom dia, boa tarde, boa noite, obrigado, por favor, me desculpe e com licença.

e) Respeitar os colegas (evitando brincadeiras de mau gosto).

g) Não mentir; não provocar intrigas; não atrapalhar as atividades.

h) Não fraudar trabalhos e cumprir os prazos.

i) Deixar os responsáveis cientes sobre qualquer solicitação da escola.

Uma consideração importantíssima, nesse contexto - e tão comum nas escolas -, é **a eleição de um representante (e vice-representante) de turma**. Essa eleição, geralmente, é realizada no primeiro mês de aula. Outrossim, é uma ótima oportunidade para se trabalhar cidadania, visto que envolve a participação de todos os alunos. Levando em conta que o aluno eleito vai exercer a liderança da turma, esse estudante deve ser - preferencialmente - responsável, assíduo, comunicativo e participativo. Sua função é - essencialmente - repassar informes e tarefas da secretaria ou da coordenação para a turma e vice-versa, ajudar os professores no que for necessário e, principalmente, manter a turma integrada. Vale destacar que este trabalho é voluntário e, ainda que os adolescentes curtam esse encargo, este representante não deve ser sobrecarregado.

7) Sobre a assiduidade (ou frequência): assiduidade é a presença constante dos alunos nas aulas. Hoje existem muitos cursos a distância e que são reconhecidos pelo Ministério da Educação e Cultura (MEC). No entanto, em cursos presenciais, como já diz o termo, o aluno deve fazer-se presente "fisicamente" nas aulas. Outrossim, há casos em que o aluno vai à escola, mas não entra na sala. Então, é importante que o professor esteja atento na hora da chamada dos nomes! Atualmente, com a informatização escolar, em alguns colégios (inclusive na rede pública) já existe a "chamada eletrônica", onde o aluno põe seu cartão num sensor (na sala de aula, no refeitório e/ou na entrada da escola) e este é identificado por leitura ótica.

Outra observação importante a destacar é que há colégios que, a fim de dar aprovação a determinados alunos, ao final do ano letivo, alteram a sua frequência anual quando estes se sobressaem nos conceitos. Isso é, claramente, uma injustiça para com os demais alunos que compareceram às aulas regularmente! A fim de evitar privilégios, cabe à coordenação ou à secretaria do colégio comunicar aos pais, o quanto antes, as faltas desses alunos. O Estatuto da Criança e do Adolescente, inclusive, ordena que os dirigentes escolares comuniquem ao Conselho Tutelar a reiteração de faltas injustificadas (cf. ECA, artigo 56, II). Devo recordar que a maioria dos adolescentes, em fase estudantil, é menor; ou seja, são considerados incapazes diante da lei civil, logo, são os seus responsáveis que respondem pelas suas faltas.

8) Sobre a recuperação: a recuperação consiste no resgate do conceito do aluno que não conseguiu obter a nota mínima em determinado período. Sinal que, por conseguinte, não aprendeu os conhecimentos mínimos desse período. É bom deixar claro que, seja por falta de nota ou por infrequência, o aluno tem direito à recuperação. Quanto à forma de aplicação, posso dizer que a recuperação, assim como sua pontuação, depende também de cada sistema de ensino. Há sistemas que permitem ao aluno recuperar a nota da prova; outros permitem-no recuperar a nota geral. Portanto, o melhor que o docente tem a fazer é, no início do ano letivo, se informar sobre a mecânica da avaliação em seu colégio.

Em verdade, com o tempo, o professor perceberá que os alunos retidos em recuperação, em sua maioria, estão mais interessados na nota do que no conhecimento propriamente dito. Muitos, aliás, não se empenham para obter o máximo (10.0), mas o mínimo (5.0 a 8.0 – depende da rede de ensino ou do colégio). E ainda: há instituições que ainda aplicam a chamada "segunda época", onde os estudantes têm mais uma chance, num período distinto, para recuperar a sua média. O ideal é que as falhas do aluno sejam acertadas durante cada período, dentro do ano letivo, haja vista que o professor oferece várias oportunidades para isso: trabalhos, pesquisas, testes, seminários, enfim, avaliações diversas. Assim, defendo que o avaliador – salvo raras exceções – deve sim ser mais rigoroso na avaliação de recuperação.

Mais uma importante observação, dentro desse contexto, é a questão da **reprovação escolar**. No currículo do Ensino Médio, Filosofia é uma disciplina como as demais. E cabe ao filósofo-educador repassar essa informação – categoricamente – para os alunos. Talvez tenha passado despercebido, mas vale aqui destacar: sobre tudo que escrevi até o momento, jamais afirmei que a Filosofia deva ser uma matéria fácil ou condescendente com o aluno. Não! O aluno deve ter em mente que, embora possua uma metodologia diferenciada, **a Filosofia pode e deve reprovar** – se preciso for – como todas as demais disciplinas. Aliás, penso que, quando a recuperação não é capaz de levar o aluno a refletir sobre sua conduta, a condição de reprovado, provavelmente, o fará.

6.2 Outras considerações sobre a avaliação docente

1) Sobre a correção e pontuação dos trabalhos: tão importante quanto o trabalho é a atribuição de valor a ele. E a pontuação numérica seria uma forma – talvez a principal – de aferir esse conhecimento. Não cabe aqui uma discussão pedagógica sobre isso, mas é fato que, como há pouco afirmei, o aluno está mais interessado em somar pontos do que obter conhecimento (e qual professor não pensava assim quando estudante?). Ele sabe que é isso que lhe dará a aprovação final.

Quanto aos cálculos da pontuação, o seu modo, mais uma vez, depende de cada sistema escolar, do colégio ou do professor. Algumas escolas atribuem um peso maior para as provas escritas, outras igualam o valor das avaliações. O ideal é que o professor perceba, ao corrigir os trabalhos, se o educando atendeu aos critérios estabelecidos previamente e, principalmente, aos objetivos a serem atingidos.

Nas palavras que seguem abaixo apresento algumas dicas para que o professor faça uma ponderada avaliação, principalmente na correção de trabalhos escritos:

a) Distribua a nota de acordo com a natureza da tarefa. Não adianta exigir um grande trabalho se este só vale um ponto.

b) Converse com seu aluno, ouça-o e aponte os porquês dos seus erros; anote em seus trabalhos expressões do tipo: Bom!; Atenção!; Cadê a 4ª questão?; mostre-lhe que você leu todo o trabalho e está atento aos seus escritos.

c) Dê as notas conforme o mérito de cada um. Em contrapartida, recompense os esforçados. Por exemplo, se o aluno fez uma excelente redação, superando as expectativas, então – se possível – dê um ponto extra.

d) Seja claro para os discentes quanto aos seus objetivos, critérios e exigências na realização dos trabalhos, e por conseguinte, nas correções destas tarefas (o que você quer que o seu aluno entenda e retenha).

e) Quando possível, dê ponto para tarefas simples, como exercícios de casa ou de sala; mas também repreenda (particularmente) o aluno que não fez a tarefa proposta.

f) Ofereça uma 2ª chance (2ª chamada) para o aluno que estava – comprovadamente – enfermo ou com sérios problemas (pessoais, familiares, sociais etc.).

2) Sobre o Conselho de Classe (COC) e reuniões pedagógicas: consiste numa reunião periódica entre o corpo discente, equipes pedagógica e administrativa da escola. Algumas escolas admitem a participação dos representantes das turmas (isso é muito bom!). O professor deve ter em mente que o Conselho de Classe (e outras reuniões similares) é uma oportunidade de troca de experiência entre os colegas. São nestas reuniões, inclusive, que a escola procura os melhores caminhos a trilhar. Seus assuntos principais são:

a) Informes, problemas e soluções administrativos, expostos pela direção da escola (programas escolares, subsídios do governo, custos administrativos etc.).

b) Informes, problemas e soluções pedagógicos (projetos, eventos, planejamento etc.), expostos pela coordenação pedagógica.

c) Conceitos ou notas e aspectos gerais sobre turmas e discentes (disciplina, avaliações, destaque dos melhores e dos mais problemáticos alunos, relacionamento, problemas familiares etc., expostos por cada professor.

d) Indicação e encaminhamento de alunos para tratamento ou acompanhamento psicológico, fonoaudiológico ou de deficiências (físicas e intelectuais).

Há redes de ensino que têm **reuniões pedagógicas** periódicas, exclusivamente para estudo e aperfeiçoamento do corpo docente. Nestas, os professores e a coordenação pedagógica também trocam experiências, cujos temas podem ser: LDB, PCN, Programas da Secretaria de Educação, Projetos interdisciplinares e temas de determinadas áreas ou disciplinas.

3) Sobre a autoavaliação: consiste na revisão do próprio processo ensino-aprendizagem. Só mesmo o professor pode rever o seu trabalho. As notas, os conceitos, o comportamento dos alunos, enfim, todos os resultados permitirão ao profissional avaliar e reavaliar se ele está no caminho certo. Nessa "catarse" também será bem-vinda a opinião da equipe pedagógica, de um colega mais experiente e até do representante da turma. Ora, se há bons resultados, isso demonstra que os alunos estão aprendendo. E isso, com certeza deixará o professor satisfeito. Em contrapartida – e não é raro –

pode ocorrer que a maioria dos alunos de uma turma (ou de várias) vai mal. Então, é sinal de que algo pode estar errado e é hora do professor mudar seu modo de lecionar. É o momento de mudar os hábitos. E os hábitos são muito fortes nas pessoas. Assim, se o método ou a maneira de conduzir a sua aula é falho, não se acomode, repense e mude isso já no próximo período. O ideal é não se acomodar e melhorar sempre (veja no próximo capítulo "A vida pessoal e profissional do filósofo").

No quadro abaixo apresento algumas perguntas cujas questões apresentam as atitudes mais comuns em sala de aula. É uma maneira de ajudar ao professor a rever a sua forma de trabalho e a se aperfeiçoar. Então, procure responder sinceramente às questões:

Tabela 9: Autoavaliação docente

Coloque (1) "nunca", (2) "às vezes" e (3) "sempre":	
1) Planejo minhas aulas?	( )
2) A maioria dos alunos entende minha explicação?	( )
3) Consigo controlar a disciplina da turma?	( )
4) Tento inovar minhas aulas?	( )
5) Esclareço as dúvidas dos alunos?	( )
6) Passo exercícios para os alunos?	( )
7) Utilizo o método mais adequado para a turma?	( )
8) Avalio o meu aluno de diferentes maneiras?	( )
9) Comparo resultados entre as turmas?	( )
10) Revejo o meu planejamento?	( )
11) Participo ativamente no Conselho de Classe?	( )
12) Converso com os pais sobre o seu filho?	( )
13) Falto às aulas?	( )
14) Chego atrasado nas aulas?	( )

Se, na maioria das questões, você respondeu **1**, então precisa melhorar muito; se, na maioria das questões, você respondeu **2**, então repense o seu trabalho; mas se, na maioria das questões, você respondeu **3**, então parabéns! Continue se aperfeiçoando! Mas atenção: em todos os itens que você respondeu **1** ou **2**, reveja as suas atitudes e tente melhorar também!

7
A relação com a comunidade escolar

É preciso ter cuidado para mais tarde não sofrer,
É preciso saber viver.
Roberto e Erasmo Carlos

O sucesso do trabalho do filósofo, no Ensino Médio, também pode ser considerado pelo bom relacionamento com a comunidade escolar. Ele será excepcional, dará bons frutos se o seu envolvimento corresponder de forma exemplar. Isso abrirá as portas para evidenciar a Filosofia como proposta de reflexão e transformação.

Quando falo de "comunidade escolar", basicamente refiro-me a cinco grupos:

a) Equipe administrativa: a diretora-geral e a(s) diretora-adjunta(s) (ou vice-diretora).

b) Funcionários: da secretaria, da inspeção, da cozinha, da limpeza e outros.

c) Equipe pedagógica: a coordenadora, a orientadora e a supervisora educacional.

d) Responsáveis: pais, parentes, familiares ou outras pessoas que respondam pelo aluno menor;

e) Alunos: de todos os turnos e turmas, enfim, de toda a escola.

A seguir descrevo, em linhas gerais, como deve ser essa relação, a fim de que se promova o que todos esperam: um bom relacionamento entre todos os membros dessa comunidade.

7.1 A relação com as equipes administrativa, pedagógica e pais

No primeiro capítulo, afirmei que, para o senso comum, a Filosofia é vista sob dois prismas: por um lado, "é uma disciplina muito nobre", pois cultiva o amor à sabedoria, mas, por outro lado, "é uma disciplina inútil", pois, na prática, não serve para nada. E essa é, inclusive, a imagem que a maioria dos membros da comunidade escolar tem da Filosofia e do filósofo, inclusive alguns membros do corpo docente. Chega a ser bizarro, em algumas situações, como as pessoas observam a maneira desse profissional de pensar e agir, isto é, como se o filósofo fosse algum ser de outro planeta. Decerto que "de filósofo e louco todos nós temos um pouco", mas isso não se restringe à Filosofia. Destarte, o professor novato não deve estranhar se ouvir comentários do tipo: "Ainda existe essa disciplina?" "Os filósofos "viajam", né?...", "Você é formado nisso mesmo?" Esses comentários capciosos se explicam por que – como outrora afirmei – boa parte da atual geração de responsáveis e docentes nunca teve Filosofia (afinal, foram 21 anos de "subversão da Filosofia", durante a Ditadura Militar) ou, quando tiveram, provavelmente foi lecionada inadequadamente, por pessoas que nem sequer possuíam a formação na área.

Entretanto, hoje, com o ressurgimento da Filosofia, as novas gerações de professores já vêm reconhecendo a relevância desta disciplina, principalmente devido às últimas reformulações dos cursos de Pedagogia, que valorizam a Filosofia no seu currículo. Vale ressaltar que a Pedagogia é responsável pela montagem da grade curricular de todas as licenciaturas (História, Química, Biologia, Sociologia etc.). Portanto, todo professor teve que passar pela Faculdade de Educação para ser habilitado a lecionar. E os pedagogos – vale destacar – são os especialistas que nos orientam em nossos projetos e aulas nas escolas. A maioria das diretoras de unidade escolar – atualmente – possui formação (graduação ou pós-graduação) em Pedagogia, tendo, inclusive, no seu currículo, "Fundamentos Filosóficos da Educação". E isso é um ponto bastante positivo, pois é o início de uma abertura à educação filosófica nas nossas escolas, quer na rede pública, quer na rede privada.

Outrossim, é importante mencionar que a atuação do professor – normalmente – é limitada por dois tipos de "pedagogias": a governamental (escola pública) e a particular (escola privada). Na primeira, as ações – geralmente – estão vinculadas aos programas políticos de um governante (municipal, estadual ou federal). Na segunda, os programas estão vinculados à pedagogia da escola (ou da rede), que seguem senão a filosofia do(a) fundador(a) (e, diga-se de passagem, não raro, o gestor é o próprio proprietário da escola).

Na rede pública o ingresso é por concurso público (com estabilidade) ou por contrato temporário. Já na rede privada, o profissional é contratado pelo regime celetista (CLT), como numa empresa privada. Em ambos os casos, o profissional deve observar as normas trabalhistas, como evitar chegar atrasado e faltar ao serviço; exceto em caso de greve.

Ao ser contratado pela instituição privada, o professor de Filosofia, já deve ter em mente que deve adequar-se a tal filosofia. Pensemos em termos práticos: em instituições confessionais, por exemplo, um professor ateu, ou que não compartilha da mesma religião dos proprietários, deverá ser assaz prudente ao expor certos assuntos e opiniões para os alunos, como a sua posição sobre a existência de Deus, a liberação do aborto e do casamento civil gay. Sabemos que a Constituição Federal garante a liberdade de expressão, de pensamento e de religião (artigo 5º); todavia, na prática, sabemos que muitos docentes evitam debater tais temáticas para manter-se no emprego.

Oxalá que eu não seja aqui mal-interpretado: o filósofo-educador que se vê obrigado a omitir determinadas opiniões, mesmo por razões de necessidade, não deve distorcer ou negar o Conhecimento. Hoje, há evidências suficientes nos fatos históricos, nas descobertas científicas e nos debates filosóficos que devem sim ser ensinados e debatidos nas escolas. Todavia, se o ambiente não for propício, o ideal é que o professor utilize o bom senso. Seja na rede pública ou privada.

Enfim, o docente deve – dentro de suas possiblidades – **cooperar com os gestores da instituição**. Será por meio dessa atitude que os demais membros administrativos saberão honrar a Filosofia e respeitar o seu professor-filósofo.

Outra relação importante, no trabalho diário do professor de Filosofia, é o contato direto com a **equipe pedagógica da escola**. Há instituições que contêm uma equipe pedagógica completa (geralmente, os Cursos de Formação de Professores), e outras contêm apenas um pedagogo. Equipe pedagógica completa significa ter, pelo menos, um orientador educacional e um orientador pedagógico. O primeiro lida mais com os alunos, o segundo mais com os professores. Todavia, na maioria das escolas, principalmente na rede pública, devido à falta de funcionários, há apenas o coordenador pedagógico, que acumula as duas funções.

Nesse contexto, é preciso que o professor se esforce para cooperar com este funcionário. O pedagogo não tem conhecimento profundo de Filosofia, mas tem conhecimento didático, o que, certamente, poderá ajudar! É preciso haver um bom entrosamento entre o professor de Filosofia e a equipe pedagógica. Isso não implica estabelecer uma interdependência entre uma função e outra. Pelo contrário, deve haver autonomia e respeito pelas respectivas competências. Ademais, o filósofo-educador deve saber que será, em muitos colégios, o único profissional de Filosofia na escola. Nesse caminho, haverá erros e acertos, porquanto é de boa praxe dialogar e tirar dúvidas com profissionais que já estão acostumados a lidar com diferentes situações do cotidiano escolar.

A boa relação com a equipe pedagógica fará reluzir a Filosofia e, consequentemente, abrirá as portas para o bom **relacionamento com os colegas professores**. Será na companhia deles que o docente – direta ou indiretamente – participará de projetos e de outros eventos escolares. Saiba que muitos deles também estarão curiosos sobre a finalidade desta nova disciplina e, talvez, questionarão a origem, formação e experiência profissional do filósofo-professor que acaba de chegar. Cabe então a este profissional mostrar simpatia, solicitude e, principalmente, satisfação de ensinar Filosofia. Como motivação, recorde que o PCN reserva à Filosofia o papel de "disciplina transdisciplinar".

Já ouvimos na licenciatura que o sentido da escola são os alunos. Concordo, mas penso também que são os professores os profissionais que movimentam a escola. Ora, se não houver união do corpo docente, nenhum projeto será levado adiante. Os alunos desejam uma "escola forte", e a direção, por sua vez, quer uma escola participativa, mas tudo isso só será levado a cabo se os professores incentivarem os seus alunos. E saiba que é nas próprias aulas, ou seja, nesse convívio diário (ou semanal) que os alunos sentem e absorvem a vivacidade contagiante do professor.

Naturalmente que esse contato permanente com os colegas professores nem sempre é um mar de rosas. Às vezes, surgem atritos que tolhem a boa convivência. E isso, não poucas vezes, é notado pelos alunos. Porquanto é necessário que o relacionamento com os demais colegas, equipe administrativa e equipe pedagógica deve mostrar educação e maturidade. Nessa conjuntura, aqui vão alguns conselhos práticos:

a) Demonstre comprometimento com seu trabalho; não seja irresponsável.

b) Demonstre profissionalismo e seriedade no serviço, mas seja bem-humorado!

c) Envolva-se nos projetos e eventos da escola.

d) Nunca repasse intrigas de funcionários para outrem; e vice-versa.

e) Na medida do possível, advirta o colega que está errando na sua conduta.

f) Saiba ouvir e não monopolize as conversas nas reuniões.

g) Seja organizado com teu material e não mexa nos pertences alheios.

h) Cuidado com a linguagem no seu ambiente de trabalho: evite gírias e palavrões.

i) Zele pelo seu traje no ambiente escolar: evite roupas indecentes e ridículas.

j) Seja solidário e, se não puder ajudar, não atrapalhe o trabalho do colega.

k) Tente anotar os nomes e datas de aniversário dos colegas; faça amigos!

l) Troque experiências com os colegas e perceba que ninguém é autossuficiente.

O bom relacionamento com os responsáveis será o reflexo do bom trabalho junto a seus filhos. Na verdade, o professor já deve saber que – assim como os professores – poucos pais estudaram Filosofia. Nesse contexto haverá duas situações: pais que ficarão curiosos quanto aos conteúdos semanais da disciplina, e pais que – assim como os seus filhos – só se interessarão pela nota no final do ano letivo. Aliás, o professor de Filosofia deve ter muita cautela com o que diz em sala de aula, pois muitas informações podem ser repassadas e distorcidas em casa. Saiba que as palavras têm poder.

Por outro lado, pode ocorrer outra situação: pode ser que a ausência do profissional de Filosofia na escola não passe tão despercebida quanto outras disciplinas, como Língua Portuguesa, Geografia ou Matemática. Para muitos pais, visto que nunca tiveram Filosofia quando estudantes, um ano letivo sem Filosofia "é menos danoso" do que um bimestre (ou mais) sem aquelas disciplinas. Mais uma vez, essa valorização vai depender do frondoso trabalho do filósofo junto aos seus "aprendizes".

Sendo assim, o professor deve estar atento às tarefas que são passadas para casa, haja vista que muitos responsáveis tomarão conhecimento destas. Nesse contexto, evite trabalhos mirabolantes, fora do alcance dos adolescentes. Saiba que para elogiar nosso trabalho há poucos, mas para criticar há muitos, por isso, seja prudente e – como sempre – seja sábio e use o bom senso. Uma sugestão é convidar os pais para alguma atividade filosófica, como um "Chá filosófico", e aproveitar o ensejo para promover uma palestra sobre "Educação de adolescentes". Aqueles que comparecerem – posso garantir – sairão da escola bastante satisfeitos. Acredito que, com um trabalho interessante, eles aprenderão – unidos a seus filhos – a gostar da Filosofia e cultivar a "amizade pelo saber".

A minha experiência, no trabalho com crianças e adolescentes, também me ensinou a lidar com os responsáveis. Posso garantir que a maioria destes, mesmo aqueles que possuem baixo nível socioeconômico, ainda reconhecem a "missão" social do educador. **E lembre-se, professor, os pais, uma vez conquistados, tornam-se nossos grandes parceiros!**

7.2 A relação com os alunos

Chegamos à relação essencial da educação: docente-discente. Estamos mais em contato com os alunos do que o restante da escola. E, por falar nisso, dependendo do número de turmas que o professor possui, ele passa mais tempo educando os seus alunos do que os próprios filhos. Aliás, não é raro vermos professores de Filosofia se tornarem "conselheiros" dos adolescentes. Isso acontece, sobretudo porque a Filosofia é uma disciplina que privilegia os aspectos humanos, logo favorece a interação do filósofo-educador com os seus alunos. É claro que essa relação vai depender muito do carisma pessoal do professor e da abertura dos alunos. Sendo favorável, o docente deve ensejar os ensinamentos filosóficos.

Temos visto, nos noticiários, muitos abusos de alunos em relação aos professores e vice-versa. Realmente, não há como negar que está sendo difícil educar, desde o Ensino Infantil até o Ensino Superior. Contudo, sabemos que o professor ainda é visto como uma referência para os alunos. Muitos deles se espelham mais nos "mestres" do que nos próprios pais (e esta situação se estende a todas as disciplinas). Não é à toa que todo professor é considerado um educador, ou melhor, um "formador de opinião". Nesse contexto, é muito comum o aluno pedir orientação sobre temas delicados, tais como: religião, profissão, namoro e assuntos familiares. Alguns professores preferem desviar de tais conversas, com o intuito de evitar envolvimento emocional. No entanto, haverá ocasiões em que isso não será possível para o docente de Filosofia. O ideal é que, tratando-se de questões pessoais, é aconselhável que o professor encaminhe ou oriente o seu aluno a procurar a orientadora educacional.

Todavia, em se tratando de questões estritamente filosóficas (e o que não é filosófico?), o docente deve procurar responder a todas as dúvidas dos alunos. Se não souber tudo (e quem sabe tudo?), demonstre humildade e interesse em sanar tais dúvidas, dizendo que vai pesquisar sobre o assunto. E tenha em mente que você não tem a obrigação de memorizar tudo, até porque nem mesmo os grandes filósofos sabiam de tudo. Aliás, é justamente por isso que eles são "filósofos". Na verdade, com o tempo, o novo professor perceberá que as situações se repetem, de maneira muito semelhante, com quase todos os alunos.

Visando auxiliar o professor de Filosofia, nos itens que se seguem são apresentados alguns conselhos que ajudarão no relacionamento com os "iniciados em Filosofia":

1) Respeito: o aluno deve respeitar o docente como um profissional que está orientando e facilitando a sua aprendizagem. Daí o devido respeito ao profissional. Mas o inverso também deve ocorrer, posto que o aluno é uma pessoa "adolescendo", ou melhor, um cidadão cuja fase está aprendendo e sedimentando novos hábitos e valores. É nessa fase que ele consolida o valor do velho ditado: "respeite para ser respeitado". Nesse sentido, recomenda-se ao filósofo-educador seguir algumas recomendações preciosas, a saber:

a) Nunca prometa – seja punindo ou premiando – o que não pode cumprir.

b) Não julgue os alunos conforme os preconceitos sociais: aceite as diferenças.

c) O dever de falar é do professor, mas ouça e respeite o direito de opinião dos alunos.

d) Seja flexível e paciente, mas seja rígido e justo na hora certa.

2) Linguagem e controle da fala: filósofos e sociólogos, embora sejam bons escritores, têm fama de "'falantes", "chatos" por serem assaz comunicativos. Nenhuma turma gosta de professor que fala demasiadamente. Explicar bem não significa explicar exaustivamente. O inverso também é muito frequente: professores muito metódicos e sisudos tendem a ganhar a desatenção dos adolescentes. Essa faixa etária gosta de professores espontâneos, modernos e joviais. Então, cuidado, seja moderado na fala e siga as dicas abaixo:

a) Seja claro e objetivo nas suas explicações da matéria.

b) Consulte e controle a hora: sim, saiba o momento de pausar e de parar de falar.

c) Não utilize vocabulário chulo, mas também não seja tão erudito.

d) Durante a explicação, escreva palavras-chave no quadro (e com letra legível); faça-os acompanhar o seu raciocínio diante de tanta exposição teórica.

e) Não se mostre arrogante, lembre-se das humildes palavras de Sócrates: "Só sei que nada sei".

f) Mantenha-se atualizado quanto às preferências dos adolescentes.

g) Durante as aulas, **irrigue a garganta a todo o momento**; chupar balas de gengibre é bom, mas é uma medida paliativa. **Mentalize: a voz é o seu instrumento de trabalho.** E se tiver problema vocal, procure um fonoaudiólogo ou um otorrinolaringologista.

3) Afetividade: a aula de Filosofia propicia uma maior aproximação entre alunos e professores. O próprio conteúdo em si traz em seu bojo a ocorrência de mais diálogos. É no **diálogo** que os adolescentes exprimem mais as suas opiniões, dúvidas e angústias e, principalmente, aprendem a escutar o outro. É nessa dimensão que nasce a afetividade do aluno. Lidar com a afetividade, em conjunto com a sexualidade, talvez seja o maior problema da puberdade e da adolescência. Logo, é preciso bastante discernimento do mestre para lidar com essa fase. Sobre isso, aqui vão algumas dicas úteis:

a) Aconselhe, porém, muito cuidado com **o que** e **como** você diz as coisas.

b) Não confunda afeto e compreensão com envolvimento emocional.

c) Não trate o aluno como um "número"; se possível, tente memorizar seus nomes.

d) Resgate a autoestima da turma e de alunos que necessitam de um "apoio moral".

e) Mostre comprometimento com os alunos; destaque pontos negativos e positivos.

f) Se possível, parabenize os alunos aniversariantes do dia ou do mês!

g) Procure estar sempre alegre e de bom humor, mas jamais se exceda!

h) Crie um clima amistoso, de confiança, de sugestões e até aberto a reclamações.

i) Incentive os alunos com pontos extras, atividades diferenciadas, brindes etc.

j) Perceba a expressão corporal do aluno: simpatia, indiferença, tristeza etc.

k) Programe passeios e eventos junto à direção e à coordenação da escola.

4) Domínio de turma: consiste na forma exclusiva do professor de controlar a turma. É o exercício da autoridade do professor sobre os alunos. Mas essa autoridade não deve ser imposta e sim reconhecida pelos seus discentes. Ter autoridade não significa "ser autoritário", pois esta é uma deturpação da autoridade. O ideal é que o profissional inspire respeito aos seus alunos sem, necessariamente, impor uma conduta excessivamente rígida.

Por outro lado, sei que há casos que demandam maior firmeza do professor, pois há turmas que são terríveis! E sei que cada professor tem um modo peculiar de conduzir a sua aula. Por exemplo, a atividade do debate ou do júri simulado pode funcionar com um professor, mas não com outro. O primeiro acredita que será uma atividade proveitosa, mesmo numa "bagunça organizada", ao passo que o segundo acredita que vá perder tempo. O primeiro, por estar mais tempo com a turma, crê que não perderá a sua autoridade. Já o segundo crê que não é o momento ainda de arriscar.

Em sala de aula é comum o professor usar (e abusar) de sua autoridade, retirando ponto do aluno (ou alunos) indisciplinado(s). Decerto que, em certos momentos, essa medida funciona; todavia, penso que o docente não deve lançar mão desse recurso frequentemente. Um professor sensato e experiente desejará antes entender o que está ocorrendo com este educando; talvez seus gracejos escondam fortes problemas emocionais e de relacionamento, como: separação dos pais, rompimento do namoro e até morte de um ente querido. Todo adulto sabe que tais problemas dificultam a concentração. Sem falar que o adolescente ainda não tem discernimento para separar a "razão" da "emoção". Como venho insistindo, o ideal é que o professor use de bom senso no seu modo de agir. Particularmente, acredito que há uma maneira básica – comum a todo docente – de exercer o domínio de turma. Para isso enumero abaixo algumas recomendações preciosas nesta mais custosa tarefa do professor:

a) No primeiro dia, deixe claro os seus métodos de disciplina.

b) Demonstre segurança; o manejo de classe depende muito mais do professor.

c) Não permita que intrigas atrapalhem a sua aula; não deixe o mal criar raiz; e se o conflito está deflagrado, encaminhe os alunos para a Orientação Pedagógica.

d) Resolva as dúvidas dos alunos, durante ou depois das explicações, mas não admita que interrupções desnecessárias e tolas incomodem o bom andamento da aula.

e) Se ocorrer conversas paralelas durante a aula, separe o(s) aluno(s) envolvido(s).

f) Controle a saída ao banheiro; permita um(a) aluno(a) de cada vez.

g) Converse com os alunos inquietos ou displicentes após a aula (em particular).

h) Jamais xingue ou humilhe o aluno, e evite gritar, por mais que você esteja certo.

i) Se o problema da indisciplina continuar, chame o inspetor de alunos; se persisitir, encaminhe o problema à coordenação ou à direção da escola; e, por fim, convoque os responsáveis.

j) Quando possível, vá à reunião de responsáveis e converse com os pais.

5) A relação com alunos excepcionais: também são conhecidos como alunos especiais. Consiste nos educandos que apresentam algum tipo de deficiência física ou intelectual ou que possuem capacidade de aprendizagem acima da média normal (os superdotados). Há algum tempo a Pedagogia já entende que o tratamento mais adequado para favorecer o desenvolvimento educacional desses alunos é a integração escolar (ou inclusão escolar). Na verdade, a inclusão escolar abarca todos os alunos que são, de alguma forma, discriminados socialmente e na escola. Existem poucos alunos excepcionais no Ensino Médio devido às inúmeras dificuldades que enfrentam – seja física ou intelectual – e, por essa razão, pouquíssimos conseguem completar esse nível de ensino (quando nele chegam!). Não é o caso discutir o assunto aqui, mas a verdade é que muitos desistem por falta de atendimento especializado.

É por esse motivo que muitos professores têm receio (o que não significa recusa) de trabalhar com alunos especiais. Não sou contra a inclusão, sou contra a falta de treinamento e a falta de profissionais habilitados para auxiliar – minimamente – o docente diante de variadas deficiências. Hoje, sabe-se que essa situação está mudando: as licenciaturas estão exigindo dos seus formandos, pelo menos, o Curso de Libras – a Língua Brasileira de Sinais para Surdos. Boa medida. Isso me faz lembrar algumas experiências gratificantes com alunos deficientes. Certo ano letivo, numa escola pública, lecionei para um aluno cego, chamado Jhonathan. Nessa escola não havia material em Braille, mas ele era determinado e cumpria as atividades de forma oral. Ele conseguiu concluir o Ensino Médio. Seu exemplo de superação me fez convidá-lo para dar algumas palestras. Atualmente, sempre tenho alunos surdos-mudos no Curso de Formação de Professores. Nesse caso, a Secretaria de Educação providencia intérpretes, que acompanham esses alunos em todas as aulas até o final do curso.

Caso o colégio possua alguns alunos deficientes, é bom que o professor se esforce para saber lidar com eles, procurando ajudá-los no que for possível. Nesse sentido, também é aconselhável o docente procurar se informar sobre o histórico de aprendiagem desses alunos, inclusive perguntando à equipe pedagógica da escola se estão com atendimento especializado. O encaminhamento desses alunos é obrigação da escola. Porém, se perceber omissão da mesma, o professor pode procurar centros de referência da pessoa com deficiência ou acionar o Conselho Tutelar de sua cidade. Ou ainda, pesquisar sobre organizações não governamentais (ONGs) de assistência ao deficiente, como a Associação de Assistência à Criança Deficiente (AACD) e a Associação de Pais e Amigos dos Excepcionais (Apae).

7.3 A relação consigo mesmo: vida pessoal e profissional

Muitos profissionais, após saírem da universidade, costumam não retornar a ela para se aperfeiçoar ou até mesmo para reciclar os seus conhecimentos. Isso deixa o professor desatualizado em muitos assuntos, fato que traz prejuízos às suas aulas. Ora, o mundo informatizado está aí, a ciência e a tecnologia continuam fazendo as suas incríveis descobertas. E a Filosofia, por sua vez, persevera na busca pela sabedoria. Portanto, o professor deve estar antenado ante a estes desafios e continuar seu trabalho de aprimoramento intelectual. Abaixo apresento alguns conselhos práticos para o seu aperfeiçoamento cognitivo:

a) Reserve um tempo para atualizar-se, leia jornais e revistas.

b) Participe de eventos de sua área (seminários, convenções, congressos etc.).

c) Visite exposições em geral (museus, centros culturais, mostra de arte etc.).

d) Procure conversar com pessoas que lhe acrescentem cultura e sobretudo sapiência de vida.

e) Estude outros idiomas, isso enriquecerá o seu vocabulário e sua visão de mundo.

f) Leia sobre temas diversos, isso enriquecerá suas aulas e sua cultura geral.

g) Teste seus conhecimentos: participe de concursos públicos e processos seletivos.

h) Faça uma especialização, mestrado, doutorado etc., enfim, aprimore-se!

Outra dimensão – importantíssima – do relacionamento consigo mesmo é o aspecto **da vida pessoal do filósofo**. A sua vida profissional deve estar coadunada com a sua conduta pessoal. Um educador que se preze não apenas instrui, mas procura zelar pela sua boa imagem, dando bons exemplos de comportamento aos seus alunos. Não adianta ensinar Ética se, por exemplo, o docente apresenta um quadro de dependência química. Também não adianta transmitir o saber, se, simultaneamente, você diz para o seu aluno que não gosta de ler ou tem preguiça de fazer uma pós-graduação. Recordemos que muitos alunos ainda veem o professor como modelo de pessoa, porquanto este deve ser prudente em suas palavras e, principalmente, em sua conduta pessoal. O ideal é ser coerente, sendo correto tanto naquilo que se prega quanto no que se pratica. Aqui vão alguns conselhos práticos, que não se limitam ao ambiente escolar, mas se estendem a todo relacionamento social:

a) Não crie vícios: evite o fumo, os jogos de azar e as bebidas alcoólicas.

b) Procure ser bem-humorado e solícito com todos ao seu redor.

c) Use vestimentas adequadas para cada ocasião.

d) Evite falar de sua vida pessoal para desconhecidos e alunos.

e) Reserve momentos para os seus amigos, para si e para Deus.

f) Valorize a família: zele pelos pais, irmãos, esposo(a), filhos etc.

g) Cuide da saúde física: pratique esportes ou, pelo menos, faça caminhadas.

h) Cuide da saúde mental: passeie, namore, escute música, enfim, faça o que gosta.

i) Procure relaxar e meditar alguns minutos sobre os acontecimentos do dia que passou, todos os dias.

j) Aprenda a usar a sabedoria no dia a dia, inclusive, nas pequenas situações.

k) E o conselho-mestre: viva cada dia como se fosse o último, viva a vida!

Abaixo trago uma tabelinha de autoavaliação sobre o relacionamento do docente com a comunidade escolar. Peço que a responda sinceramente.

Tabela 10: Autoavaliação em relação à comunidade escolar

Coloque (1) para "nunca", (2) para "às vezes" e (3) para "sempre":	
1) Tenho um bom relacionamento com a direção?	( )
2) Tenho um bom relacionamento com a coordenação?	( )
3) Tenho um bom relacionamento com os funcionários?	( )
4) Tenho um bom relacionamento com os outros professores?	( )
5) Tenho um bom relacionamento com os alunos?	( )
6) Tenho um bom relacionamento com os pais?	( )
7) Tenho um bom relacionamento comigo mesmo?	( )

Se, na maioria das questões, você respondeu **1**, então precisa melhorar muito; se, na maioria das questões, você respondeu **2**, então repense o seu trabalho; mas se na maioria das questões você respondeu **3**, então parabéns! Continue se aperfeiçoando! Mas atenção; em todos os itens que você respondeu **1** ou **2**, reveja as suas atitudes e tente melhorá-las também!

Conclusão

A disciplina de Filosofia veio para ficar. Ela ressurgiu com toda sua força como uma matéria crítica, questionadora, reflexiva e, acima de tudo, transformadora. A LDB (no seu artigo 36), os PCNs, através dos conhecimentos filosóficos e as Diretrizes Curriculares, consolidaram o ensino de Filosofia no Ensino Médio. Agora cabe aos filósofos valorizar isso, ampliando esse ensino na prática. Kant dissera: "Não se ensina Filosofia, mas a filosofar". O ditado é muito bonito, mas talvez Kant esteja equivocado, pois, na prática, só haverá o filosofar se houver filósofos que – efetivamente – ensinem Filosofia. Para dar prosseguimento a esta grande tarefa, precisamos de jovens que queiram nela se formar e ensinar Filosofia. Não adianta filosofar somente nas universidades se não estão sendo preparados os futuros amantes e transmissores da Filosofia.

Decerto que lecionar Filosofia para adolescentes não é fácil. Eles são rebeldes, imaturos, complicados de lidar, mas se tornam afetuosos e aplicados quando a Filosofia se torna um conhecimento prazeroso. Nesse sentido, o filósofo-educador não deve deixar que seus alunos identifiquem a Filosofia como mais uma matéria escolar, mas uma prática de vida. Desse modo, não basta passar a matéria, mas passá-la bem. E o professor é o maestro em sala de aula, aquele que pode conduzir suas aulas de modo que os alunos reconheçam a importância da Filosofia para suas vidas.

Considero este livro uma ajuda, não só para filósofos, mas para profissionais de outras disciplinas e profissões. Procurei nesta obra oferecer uma prática de quinze anos com pré-adolescentes, adolescentes e jovens adultos. Foram apresentados quatro modelos de planejamentos de ensino, cada qual contendo, respectivamente, as quatro vias aqui expostas para a experiência filosófica: através da História da Filosofia, através das Áreas da Filosofia, através dos Filósofos e suas obras e através de Temas ou Questões de Filosofia. E, para complementar o trabalho do professor, apresento, no apêndice, mais cem exercícios, todos de acordo com os métodos mencionados. Os exercícios, como todo professor sabe, é uma maneira eficaz de fixar os conteúdos.

Também foram apresentadas variadas técnicas e atividades didáticas. Todas elaboradas de acordo com minhas vivências em sala de aula e que agora tenho o prazer de compartilhá-las com meus colegas. Sabemos que o professor não utilizará todas, mas aqui ele pode encontrar alternativas para tornar suas aulas mais diversificadas; seja no primeiro, segundo ou no terceiro ano; e seja numa escola privada ou pública, técnica, de magistério ou de formação geral; enfim, em qualquer série ou modalidade podem ser perfeitamente aplicáveis. E o melhor: trabalhando conforme a realidade da escola e da sua turma. Foram dados muitos conselhos e advertências para que tudo isto seja levado a cabo. Às vezes, o que funciona muito bem numa turma não funciona noutra, seja por causa do tempo, das pessoas e até das circunstâncias. Mas não custa nada tentar. De qualquer jeito, só mesmo a prática para nos ensinar a melhor maneira de ensinar.

O mesmo pode ser dito quanto às avaliações docentes. Em verdade, as avaliações que foram aqui desenvolvidas, muitos professores já a praticam, mesmo os inexperientes. Devo dizer-lhes que o ideal é não se fixar em apenas um ou dois tipos de avaliação. O professor deve avaliar seu aluno por diferentes modos, seja em classe ou extraclasse. Aliás, ela é sempre contínua, pois assim como estamos sempre nos aperfeiçoando, nossos alunos, pessoas em formação, também estão continuamente aprendendo sobre o exercício da cidadania.

Nesse contexto, entra a questão da relação com a comunidade escolar. Equipes administrativa e pedagógica, responsáveis e alunos; todos estes são peças importantes na construção – conjunta – de uma escola justa, solidária e digna, que trabalha em prol da educação de qualidade e luta pela valorização do magistério. Quando essa engrenagem vai bem, o professor sente-se satisfeito por fazer parte do convívio diário desta comunidade escolar. E tudo isso faz parte do processo de fazer Filosofia, de filosofar.

Tenho dedicado toda uma vida em prol do conhecimento. Sonho um dia em que esta disciplina se espalhe e se consolide em todo o Brasil, pois acredito na Educação, na Filosofia, no ser humano e na mudança do mundo. A começar pelo Brasil, pelo meu estado, pela minha cidade, pelo meu bairro, melhor, pelas escolas as quais trabalho. E a escola é o melhor lugar para essa transformação. A escola ainda é o "Templo da Educação". A minha experiência com estudantes de diversas idades tem demonstrado que a educação é possível, pois os pais e alunos ainda creem, ainda têm fé nos professores. Convoco, a partir de agora, todos os colegas para participar desta grande transformação no Brasil. Mesmo que demore muitos anos. Basta cada filósofo fazer a sua parte.

Referências

ABBAGNANO, Nicola. *Dicionário de Filosofia*. 5. ed. São Paulo: Martins Fontes, 2007 [Tradução: Ivone Castilho Benedetti].

ABRÃO, Bernadete Siqueira (org.). *História da Filosofia*. São Paulo: Nova Cultural, 2004.

ARANHA, Maria Lúcia de Arruda. *Filosofia da Educação*. 3. ed. São Paulo: Moderna, 2006.

BECHARA, Evanildo. *Minidicionário da Língua Portuguesa*: atualizado pelo novo Acordo Ortográfico. Rio de Janeiro: Nova Fronteira, 2009.

BRASIL. Ministério da Educação e Cultura (MEC). *Diretrizes Curriculares para o Ensino Médio* (Parecer CNE/CEB 15/98). Brasília: MEC, 1999.

_____. *Lei de Diretrizes e Bases da Educação Nacional* (n. 9394/1996). Brasília: MEC, 1999.

_____. *Parâmetros Curriculares Nacionais para o Ensino Médio*. Brasília: MEC, 1999.

_____. *Resolução n. 1/2009 da Câmara de Educação Básica. Dispõe sobre a implementação da Filosofia e da Sociologia no currículo do Ensino Médio*. Disponível em: <www.portal.mec.gov.br>. Acesso em nov. 2010.

CARVALHO, Irene Mello. *Introdução à Psicologia das relações humanas*. 5. ed. Rio de Janeiro: Fundação Getúlio Vargas, 1971.

CORNELLI, Gabrielli (coord.). *Filosofia*: Ensino Médio. Brasília: Ministério da Educação, Secretaria de Educação Básica, 2010. (Coleção Explorando o Ensino).

DAVIS, Cláudia & OLIVEIRA, Zilma. *Psicologia da Educação*. São Paulo: Cortez, 1990 [Coleção Magistério 2º Grau].

CERQUEIRA, Luiz Alberto. *Filosofia Brasileira*: ontogênese da consciência de si. Petrópolis: Vozes, 2002 [Coleção Filosofia Brasileira].

CHAUÍ, Marilena. *Convite à Filosofia*. 13. ed. São Paulo: Ática, 2003.

CUNHA, Eliel Silveira & FLORIDO, Janice (orgs.). *Grandes filósofos*: biografias e obras. São Paulo: Nova Cultural, 2005 [Coleção Os Pensadores].

DOUGLAS, William. *Como passar em provas e concursos públicos:* tudo o que você precisa saber e nunca teve a quem perguntar. 20. ed. Rio de Janeiro: Elsevier, 2007.

FOLSCHEID, Dominique & WUNENBURGER, Jean Jacques. *Metodologia filosófica*. São Paulo: Martins Fontes, 1997.

FRITZEN, Silvino José. *Exercícios práticos de dinâmica de grupo e de relações humanas.* 2º vol. 4. ed. Petrópolis: Vozes, 1976.

GAARDER, Josten. *O mundo de Sofia*. São Paulo: Cia. das Letras, 1991.

GADOTTI, Moacir. *História das Ideias Pedagógicas*. São Paulo: Ática, 1999.

GRAVES, Robert. *Deuses e heróis do Olimpo*: as maiores aventuras de todos os tempos. Rio de Janeiro: Thex, 1992 [Tradução: Bárbara Heliodora].

HOFFMAN, Jussara. *Avaliação*: mito e desafio. Porto Alegre: Mediação, 2002.

HUISMAN, Denis (org.). *Dicionário dos filósofos*. São Paulo: Martins Fontes, 2001 [Tradução: Cláudia Berlinder et al.].

_____. *Dicionário de obras filosóficas*. São Paulo: Martins Fontes, 2002 [Tradução: Ivone Castilho Benedetti].

KOHAN, Walter Omar (org.). *Filosofia*: caminhos para o seu ensino. Rio de Janeiro: DP&A, 2004.

KOHAN, Walter Omar & WUENSCH, Ana Míriam (orgs.). *Filosofia para crianças*: a tentativa pioneira de Matthew Lipman. 2. ed. Vol I. Petrópolis: Vozes, 1999.

LIBÂNEO, José Carlos. *Didática*. 24. ed. São Paulo: Cortez, 1994 [Coleção Magistério 2º Grau].

LUCKESI, Cipriano Carlos. *Filosofia da Educação*. São Paulo: Cortez, 1991 [Coleção Magistério 2º Grau].

MARCONDES, Danilo. *Iniciação à história da filosofia*: dos pré-socráticos a Wittgenstein. 12. ed. Rio de Janeiro: Jorge Zahar, 2008.

NIETZSCHE, Friedrich. *Escritos sobre educação*. Rio de Janeiro: Relume-Dumará, 2003 [Tradução: Noéli Correia M. Sobrinho].

OLIVEIRA, Pérsio Santos. *Introdução à sociologia*. Rio de Janeiro: Ática, 2000.

PILETTI, Nelson. *Sociologia da Educação*. São Paulo: Ática, 2006.

PRIOTTO, Elis Palma. *Dinâmicas de grupo para adolescentes*. 3. ed. Petrópolis: Vozes, 2009.

REZENDE, Antônio (org.). *Curso de Filosofia*. Rio de Janeiro: Jorge Zahar/Seaf, 1997.

SÁTIRO, Angélica & WUENSCH, Ana Míriam. *Pensando melhor*. São Paulo: Saraiva, 1997.

SEVERINO, Antonio Joaquim. *Filosofia*. São Paulo: Cortez, 1992 [Coleção Magistério 2º Grau].

STONE, Joseph L. & CHURCH, Joseph. *Infância e adolescência*. Belo Horizonte: Interlivros, 1972 [Tradução: José F. Medeiros et al.].

SINGER, Peter. *Ética prática*. 3. ed. São Paulo: Martins Fontes, 2006 [Coleção Biblioteca Universal]. [Tradução: Jefferson Luiz Camargo].

TELES, Maria Luiza Silveira. *Filosofia para jovens*: uma iniciação à Filosofia. 18. ed. Petrópolis: Vozes, 2009.

Alguns sites úteis:

a) Educação:
- www.novaescola.org.br
- www.ensino.net.
- www.pedagogiaemfoco.pro.br

b) Filosofia:
- www.mundodosfilosofos.com.br
- www.filo.net.pro.br
- www.consciencia.org

Apêndice

1. Sugestões de filmes

Como já foi dito, filmes ilustram melhor os conteúdos filosóficos. E, para a Filosofia, existe um leque de opções (tanto brasileiros como estrangeiros), para abordar os diversos temas filosóficos. Os temas dos filmes, aliás, sempre vão depender do que o professor quer abordar. Mas atenção: para ser de bom proveito, o professor deve estar atento ao tempo da aula, à classificação etária e de exigir um trabalho sobre o filme. Abaixo trago uma lista com três sugestões de filmes para cada categoria do cinema:

Categoria	Título do filme	País e ano	Assunto
1) Política	A guerra do fogo	França e Canadá, 1981	A descoberta e a disputa pelo fogo.
	Planeta dos Macacos	EUA, 2001	O domínio dos macacos sobre os seres humanos.
	O Quarto Poder	EUA, 1997	A influência da mídia sobre o indivíduo e a sociedade.
2) Ética	Preciosa	EUA, 2009	Preconceito estético, conflito familiar.
	A lista de Schindler	EUA, 1993	Holocausto do nazismo.
	Os últimos passos de um homem	EUA e Inglaterra, 1995	Pena de morte.
3) Drama	Cazuza	Brasil, 2010	Juventude transviada.
	Sociedade dos poetas mortos	EUA, 1989	Liberdade do pensamento e de expressão.
	A corrente do bem	EUA, 2000	Amor ao próximo.
4) Romance	Em nome de Deus	EUA, 1988	Paixão de um filósofo celibatário por sua aluna.
	Outono em Nova York	EUA, 2000	Amor entre um casal que supera os preconceitos.
	O amor acontece	EUA e Canadá, 2009	O amor entre duas pessoas estranhas.

Categoria	Título do filme	País e ano	Assunto
5) Comédia	Beleza americana	EUA, 1999	Crítica à sociedade americana.
	E se eu fosse você (I, II)	Brasil, 2006 e 2009	Troca de identidade entre um casal.
	O amor é cego	EUA, 2001	O preconceito estético.
6) Ciência	Matrix, Matrix Reloaded, Matrix Revolution	EUA, 1999, 2003 e 2003.	A ilusão da realidade.
	Avatar	EUA, 2009	A ambição desmedida da ciência.
	2012	EUA, 2010	Questões ambientais.
7) Mito e religião	Em nome da rosa	Alemanha, 1986	A religiosidade na Idade Média.
	Hércules	EUA, 2005	Mitologia grega.
	Peter Jackson: o ladrão de raios	EUA, Canadá, 2010	A mitologia grega na atualidade.
8) Policial	Arquivo X	EUA, 1998	Investigação criminal.
	Tropa de Elite (I,II)	Brasil, 2007 e 2010	A realidade das comunidades cariocas.
	O silêncio dos inocentes	EUA, 1991	O limite entre a razão e a loucura.
9) Épico e aventura	Trezentos (300)	EUA, 2007	A luta de Leônidas (e seus guerreiros) contra os persas.
	Alexandre, o Grande	EUA, 2004	A vida do rei da Macedônia no Período Helenístico.
	Troia	EUA, 2004	A guerra entre gregos e troianos.
10) Biografia	Che Guevara	EUA, França e Espanha, 2009	A luta do famoso revolucionário socialista em Cuba.
	Gandhi	Inglaterra e Índia, 1982	A vida e a luta do maior líder espiritual e político da Índia.
	Uma mente brilhante	EUA, 2001	A vida de um cientista Prêmio Nobel (Dr. Nash).
11) Pedagógico	Verônica	Brasil, 2009	A luta de uma professora carioca para ensinar crianças carentes.
	Escritores da Liberdade	EUA, 2007	A luta de uma professora para ensinar jovens delinquentes.
	Mr. Holland, adorável professor	EUA, 1995	A luta de um professor para ensinar música para jovens considerados irrecuperáveis.
12) Aventura	A escalada	EUA, 2007	O valor do prazer x o valor da vida.
	Parque dos Dinossauros (I, II, III, IV)	EUA, 1993	A origem e evolução dos dinossauros.
13) Documentário	O mundo global visto do lado de cá	Brasil, 2008	A globalização vista pelos "globalizados" (Prof. Milton Santos).
	A origem do homem	EUA, 2007	Bases científicas sobre o surgimento do ser humano.
	O segredo	EUA, 2007	O poder do pensamento positivo.

2. Sugestões de letras de músicas

Assim como o filme, a música serve para ilustrar ou aprofundar um determinado conteúdo. É uma atividade pedagógica muito valiosa em se tratando de adolescentes. A música brasileira tem variedade de ritmos suficientes para satisfazer todos os gostos; contudo, o que importa são as letras que serão interpretadas. A música serve como motivação. Aliás, vale a pena cantar junto com os alunos. Mas, assim como a exibição de filmes, o professor deve lembrar alguns detalhes: observe o nível da turma, o tempo, a faixa etária e o tema abordado. Aqui vão algumas sugestões que podem ser executadas em sala:

Ritmo	Cantor (A) ou conjunto	Exemplos de música
1) Rock	a) Legião Urbana b) Barão Vermelho/Cazuza c) Titãs	a) Faroeste Caboclo; Pais e Filhos; Geração Coca-cola; Índios. b) Ideologia; O tempo não para. c) Epitáfio; É preciso saber viver.
2) Pagode ou samba	a) Jorge Aragão b) Dudu Nobre	a) Identidade; Conselho. b) Liberdade, liberdade, abre as asas sobre nós.
3) Reggae	a) Cidade Negra b) Tribo de Jah	a) Pensamento; Consciência. b) Globalização; Guerra.
4) Hip Hop ou rap	a) Gabriel Pensador b) O Rappa	a) O cachimbo da paz; Pátria que me pariu. b) Hey Joe; A feira.
5) MPB	a) Zé Geraldo b) Gonzaguinha	a) Cidadão; Tocando em frente. b) Comportamento geral; O que é, o que é?
6) Sertanejo	a) Zezé di Camargo e Luciano b) Chitãozinho e Xororó	a) No dia em que eu saí de casa. b) Planeta Azul; O Homem de Nazareth.

3. Principais organizações de Filosofia no Brasil

1) Anpof – Associação Nacional de Pós-Graduação em Filosofia
site: www.anpof.org.br

2) ABF – Academia Brasileira de Filosofia
site: www.filosofia.org.br

3) **IBF** – Instituto Brasileiro de Filosofia
site: www.ibf.net.br

4) **Seaf** – Sociedade de Estudos e Atividades Filosóficas
site: www.seaf-filosofia.blogspot.com

5) **CBFC** – Centro Brasileiro de Filosofia para Crianças
site: www.philosletera.org.br

4. Principais filósofos e suas principais obras

Na lista abaixo selecionei 100 pensadores, com suas respectivas datas de nascimento e morte. A escolha foi difícil, mas procurei citar os autores mais comentados na história da Filosofia, mormente os chamados "filósofos clássicos". Mas também há sociólogos, cientistas, educadores, humanistas, entre outros; todos eles pensadores que contribuíram sobremaneira com a construção do conhecimento filosófico. São eles:

PERÍODO: IDADE ANTIGA (século VI a.C. até 476 d.C.)	
1) Tales de Mileto (640-548)	Fragmentos
2) Anaximandro de Mileto (610-547)	Fragmentos
3) Anaxímenes de Mileto (588-524)	Fragmentos
4) Heráclito de Éfeso (535-465)	Fragmentos
5) Parmênides de Eleia (544-450)	Fragmentos
6) Pitágoras (século VI)	Fragmentos
7) Anaxágoras de Clazômenas (499-428)	Fragmentos
8) Empédocles de Agrigento (483-430)	Fragmentos
9) Zenão de Eleia (século V)	Fragmentos
10) Leucipo (século V)	Fragmentos
11) Górgias (485-380)	Sobre a não existência; Epitáfio
12) Protágoras (480-411)	Obra desconhecida ou inexistente
13) Sócrates (470-399)	Obra inexistente

14) Demócrito de Abdera (460-370)	Fragmentos
15) Platão (427-348)	A República e os diálogos de Platão
16) Aristóteles (384-322)	Ética a Nicômaco, *Órganon*, Física, Política, Metafísica
17) Pirro de Elis (365-275)	Obra desconhecida ou inexistente
18) Epicuro de Samos (341-270)	Carta a Meneceu
19) Zenão de Cítio (334-262)	Obra desconhecida ou inexistente
20) Cícero (106-43)	De república e *De legibus*
21) Sexto Empírico (séculos II-III)	Esboços pirrônicos; Contra os dogmáticos
22) Sêneca (40 a.C.-65 d.C.)	*De clementia, De beneficiis, De otio*
23) Marco Aurélio (121-180)	Pensamentos ou Meditações
24) Plotino (203-259)	Enéadas
25) Santo Agostinho (354-430)	Cidade de Deus; Confissões
PERÍODO: IDADE MÉDIA (476 até 1453)	
26) Boécio (480-524)	*Tractatus theologici; Philosophiae consolatio*
27) Avicena (908-1037)	Livro de Cura, Tratado das definições
28) Santo Anselmo (1023-1109)	*Proslogion, De veritate, De grammatico*
29) Pedro Abelardo (1079-1142)	*Dialectica*, Lógica, Introdução à Teologia
30) Averróis (1126-1198)	Destruição da destruição
31) Moisés Maimônides (1135-1204)	O guia dos indecisos
32) Santo Alberto Magno (1200-1280)	*Secretum Secretorum*
33) Roger Bacon (1214-1292)	*Opius maius, Opius minus, Opius tertius*
34) Santo Tomás de Aquino (1225-1274)	Suma teológica e Suma contra os gentios
35) João Duns Scotus (1265-1308)	Obra de Paris, Obra de Oxford (*Ordinatio*)
36) Guilherme de Ockham (1295-1350)	*Summa logicae*
37) Nicolau de Cusa (1401-1464)	*De docta ignorantia*
PERÍODO: IDADE MODERNA (1453 até 1789)	
38) Erasmo de Roterdã (1467-1536)	A instituição do príncipe cristão; Elogio da loucura
39) Nicolau Maquiavel (1469-1527)	O príncipe; Discurso sobre a 1ª década de Tito Lívio
40) Thomas Morus (1473-1535)	Utopia; Diálogo contra as heresias
41) Blaise Pascal (1513-1652)	Cartas provinciais; Pensamentos
42) Michel de Montaigne (1533-1592)	Ensaios
43) Francis Bacon (1561-1626)	*Instauratio magnum (Novum organum)*
44) Galileu Galilei (1564-1642)	O mensageiro das estrelas; Discurso sobre duas novas ciências
45) George Berkeley (1565-1753)	Tratado sobre os princípios do conhecimento humano

46) Thomas Hobbes (1588-1679)	Leviatã; *De homine; De corpore*
47) René Descartes (1596-1650)	Discurso do método; Meditações
48) Baruch Espinosa (1632-1677)	Ética demonstrada à maneira dos geômetras
49) John Locke (1632-1704)	Ensaio sobre o entendimento humano
50) Nicolas Malebranche (1638-1715)	A pesquisa da verdade; Meditações cristãs
51) Gottfried Leibniz (1646-1716)	Novos ensaios sobre o entendimento humano
52) Jean Batista Vico (1668-1744)	Princípios de uma nova ciência
53) Christian Wolff (1679-1754)	*Psychologia empirica; Psychologia rationalis*
54) B. Montesquieu (1689-1754)	O espírito das leis; Cartas persas
55) François M. Voltaire (1694-1773)	O século de Luís XIV; Dicionário filosófico
56) David Hume (1711-1776)	Tratado da alma; Ensaio sobre o entendimento humano
57) Jean J. Rousseau (1712-1778)	Emílio; Discurso sobre a origem da desigualdade
58) Denis Diderot (1713-1784)	Enciclopédia; Pensamentos filosóficos
59) Alexandre Baumgarten (1714-1762)	Metafísica; Estética acromática
60) D'Alembert (1717-1783)	Enciclopédia; Ensaio sobre os elementos de filosofia
61) Jeremy Bentham (1748-1832)	Uma introdução aos princípios de moral e de legislação
62) Friedrich Schelling (1762-1854)	O sistema do idealismo transcendental
PERÍODO: IDADE CONTEMPORÂNEA (1789 até os dias atuais)	
63) Immanuel Kant (1724-1804)	Crítica da razão pura; Crítica da razão prática
64) Georg Hegel (1770-1831)	Fenomenologia do espírito; Lições sobre história da filosofia
65) Arthur Schopenhauer (1788-1860)	O mundo como vontade e representação
66) Augusto Comte (1798-1857)	Curso de filosofia positiva; O catecismo positivista
67) Sören Kierkegaard (1813-1855)	Estágios do caminho da vida; O conceito de angústia
68) Karl Marx (1818-1883)	O capital; Manifesto do partido comunista
69) Charles Peirce (1839-1914)	*Collected Papers*; Como tornar clara nossas ideias
70) Friedrich Nietzsche (1844-1900)	Assim falou Zaratustra; O nascimento da tragédia
71) Gottlob Frege (1848-1925)	Fundamentos da Aritmética; Sobre o sentido e a referência
72) Sigmund Freud (1856-1939)	A interpretação dos sonhos; 5 lições sobre a psicanálise
73) Edmund Husserl (1859-1938)	Ideias para uma fenomenologia pura e uma filosofia fenomenológica
74) Henri Bergson (1859-1941)	Duração e simultaneidade; Matéria e memória
75) Ludwig Wittgenstein (1859-1951)	*Tratactus logico-philosophicus;* Investigações filosóficas

76) John Dewey (1859-1952)	Escola e sociedade; Como nós pensamos
77) André Lalande (1867-1963)	Vocabulário técnico e crítico de filosofia
78) Bertrand Russel (1872-1970)	Introdução à filosofia matemática; A análise da mente
79) Ortega y Gasset (1883-1955)	O tema de nosso tempo; A rebelião das massas
80) Gaston Bachelard (1884-1942)	A formação do espírito científico
81) Martin Heidegger (1889-1976)	O ser e o tempo; Sobre a essência da verdade
82) Jean Piaget (1896-1980)	Epistemologia genética; A psicologia da inteligência
83) Walter Benjamim (1902-1940)	A obra de arte na era de sua reprodução técnica
84) Karl Popper (1902-1994)	Conjecturas e refutações; A lógica da pesquisa científica
85) Emanuel Mounier (1905-1950)	Manifesto a serviço do personalismo; O personalismo
86) Jean-Paul Sartre (1905-1980)	O ser e o nada; A imaginação; O imaginário
87) Hannah Arendt (1906-1975)	A condição humana; As origens do totalitarismo
88) Claude Lévi-Strauss (1908-2009)	Tristes trópicos; Antropologia estrutural
89) Miguel Reale (1911-2006)	Os fundamentos do Direito; Experiência e cultura
90) Paul Ricoeur (1913-2005)	Si mesmo como um outro; Da interpretação
91) Thomas Khun (1922-1996)	A estrutura das revoluções científicas
92) Gilles Deleuze (1925-1997)	O que é filosofia?; Lógica do sentido
93) Mattew Lipman (1922-2010)	Filosofia para crianças; Investigação filosófica
94) Michel Foucault (1926-1984)	Vigiar e punir; Arqueologia do saber
95) Jürgen Habermas (1929)	Teoria e práxis; Teoria da ação comunicativa
96) Jacques Derrida (1930-2004)	A gramatologia; A escritura e a diferença
97) Olinto Pegoraro (1934)	Ética e bioética; Ética dos maiores mestres através da história
98) Enrique Dussel (1934)	Caminhos de libertação latino-americana; Filosofia da libertação
99) Marilena Chauí (1941)	Convite à filosofia; O que é ideologia?
100) Peter Singer (1946)	Libertação animal; Ética prática

6. Exercícios do método História da Filosofia

1) Leia as afirmações abaixo sobre o surgimento da Filosofia:

I – A Filosofia nasceu na Grécia Antiga, porque naquele tempo esse país concentrava as condições favoráveis (econômicas, políticas, sociais e culturais) para fazer surgir um conhecimento racional em lugar de explicações mitológicas ou pagãs;

II – A Filosofia ocidental surgiu na Grécia Antiga, no século VI a.C., a partir de pensadores originais, a saber: Sócrates, Platão e Aristóteles, que empenharam-se em discutir com os sofistas questões acerca da realidade última de todas as coisas;

III – Dentre os temas relacionados de seu estudo podemos citar as origens e características do verdadeiro conhecimento, da objetividade dos valores morais, da existência e natureza de Deus; origem e essência de todas as coisas, inclusive do universo;

IV – O estudo da Filosofia está relacionado ao que Sócrates considera sobre o filósofo: um sujeito que possui uma paixão que lhe é própria: a capacidade de se deixar afetar por coisas e de refletir sobre os acontecimentos que se dão à sua volta;

* Baseado nos itens acima, marque abaixo a opção <u>correta</u>:

a) I, III e IV são verdadeiras; c) II, III e IV são verdadeiras;

b) I, II e IV são verdadeiras;   d) I, II e III são verdadeiras.

2) Numere as lacunas abaixo, fazendo a correspondência dos principais deuses (ou semideuses) da mitologia grega com os da romana:

1) Saturno   ( ) Ares   9) Marte   ( ) Hefesto
2) Júpiter   ( ) Hera   10) Diana   ( ) Zeus
3) Juno   ( ) Deméter   11) Mercúrio   ( ) Ártemis
4) Plutão   ( ) Cronos   12) Vulcano   ( ) Herácles

5) Netuno   ( ) Atena   13) Minerva   ( ) Apolo
6) Hércules   ( ) Dionísio   14) Febo   ( ) Hades
7) Ceres   ( ) Afrodite   15) Cupido   ( ) Hermes
8) Baco   ( ) Eros   16) Vênus   ( ) Poseidon

3) Sobre o desenvolvimento da Filosofia, numere as lacunas abaixo de acordo com a coerência do texto:

( ) Isso se deve porque, na Idade Antiga, a Filosofia compreendia praticamente todas as áreas de investigação teórica e científica. Em seu escopo figuravam desde disciplinas abstratas, como a Metafísica, até pesquisas mais específicas, como a Biologia.

( ) A partir do século XVII, vários ramos do conhecimento se desvencilharam da Filosofia e se constituíram em ciências independentes, com técnicas e métodos próprios (geralmente priorizando a observação e a experimentação).

( ) Atualmente, todavia, a Filosofia ainda pode ser vista como uma disciplina que trata de questões gerais e específicas que sejam relevantes, tanto para a fundamentação das ciências quanto para os demais conhecimentos.

( ) O conceito de "Filosofia" sofreu, no decorrer da história, várias alterações e restrições em sua abrangência. Essa variedade presente na história da Filosofia e nas escolas e correntes filosóficas torna quase impossível elaborar uma definição universalmente válida.

4) Sobre as escolas pré-socráticas, numere as lacunas abaixo do seguinte modo: (1) Jônica; (2) Itálica; (3) Eleática; e (4) Escola Atomista:

( ) Leucipo e Demócrito de Abdera;

( ) Pitágoras de Samos, Filolau de Crotona e Árquitas de Tarento;

( ) Tales de Mileto, Anaxímenes de Mileto, Anaximandro de Mileto;

( ) Parmênides, Zenão e Melisso de Samos.

5) Sobre os sofistas e suas concepções, marque abaixo a opção incorreta:

a) Na Grécia Clássica, onde as decisões da polis eram tomadas em assembleia, os sofistas foram os mestres da retórica e da oratória, professores itinerantes que ensinavam sua arte aos cidadãos interessados em dominar melhor a técnica do discurso.

b) Devido a forte oposição de Sócrates, manifesto nos escritos de Platão, a filosofia especulativa dos sofistas contribuiu para que outros filósofos lhes conferissem total descrédito; fato que até hoje se verifica na Filosofia contemporânea.

c) A sofística se caracterizava pela preocupação com questões práticas e concretas da vida da cidade, pelo relativismo moral e do conhecimento, pelo antropocentrismo, pela valorização do conhecimento da linguagem e do domínio do discurso.

d) Foi combatido duramente pelos filósofos Platão e Aristóteles, que condenavam o relativismo dos sofistas e sua defesa da ideia de que a verdade é resultado da persuasão; Platão os chamava de "criadores de ilusões".

6) Sobre o platonismo e o aristotelismo, marque abaixo a opção incorreta:

a) Aristóteles rejeitou a Teoria das Ideias de Platão, porque desacreditava numa realidade separada e independente, constituída por entidades inteligíveis.

b) Na visão de Aristóteles, a essência de uma coisa é imanente; é o que dá organização e estrutura à matéria, e propicia o seu desenvolvimento, conforme a sua essência.

c) Ao contrário de Platão, seu mestre, Aristóteles defendia que Deus era o demiurgo que organizava o universo, e que poderia intervir na vida dos homens.

d) Enquanto na filosofia platônica há uma desconfiança em relação ao saber originado nos sentidos, na aristotélica é considerado o ponto de partida do empreendimento científico.

7) Sobre o epicurismo, marque (V) verdadeiro ou (F) falso nas lacunas abaixo:

( ) O propósito da filosofia de Epicuro era atingir a felicidade, estado caracterizado pela aponia, a ausência de dor (física) e ataraxia ou imperturbabilidade da alma. O homem, a exemplo dos animais, busca afastar-se da dor e aproximar-se do prazer.

( ) Para atingir a certeza é necessário confiar naquilo que foi recebido passivamente na sensação pura e, por consequência, nas ideias gerais que se formam no espírito, como resultado dos dados racionais recebidos pelas ideias do espírito.

( ) Epicuro acreditava que o atomismo poderia garantir liberdade e tranquilidade da alma. Certo é que este encontro fortuito dos átomos garante a liberdade (se assim não fosse, tudo estaria sob o jugo da natureza).

( ) Para Epicuro, o sumo bem reside no hedonismo, que consiste na satisfação das sensações corporais ou prazer, entendido como aquilo que se deleita sobre as emoções; e os excessos que tanto satisfazem o homem (luxúria, preguiça etc.).

8) Sobre o estoicismo, marque a alternativa <u>incorreta</u>:

a) Fundado pelo filósofo Zenão de Eleia, seus seguidores chamavam-se peripatéticos; é um movimento semelhante ao sofismo, onde a transmissão dos ensinamentos reduz-se ao comércio interesseiro de saberes mnemotécnicos, retóricos e sempre relativos.

b) Preocupavam-se com a relação ativa entre o determinismo cósmico e a liberdade humana, mas criam que é virtuoso manter uma vontade que esteja de acordo com a natureza; daí valorizarem mais o comportamento, com uma perspectiva determinista.

c) Pregava o autocontrole e a firmeza de caráter como um meio de superar emoções destrutivas, pois, segundo a doutrina, apenas um sábio pode ser verdadeiramente considerado livre, visto que todas as corrupções morais são todas igualmente viciosas.

d) Os estoicos apresentavam uma visão unificada do mundo, consistindo de uma lógica formal e uma física não dualista. Segundo eles, o elemento principal é o *logos espermatikós*, um princípio divino, criador e ativo, do qual toda a realidade depende.

9) Sobre a Filosofia Medieval, marque abaixo a opção correta:

a) A filosofia de Tomás de Aquino, fortemente influenciado pelo neoplatonismo e pelo nominalismo agostiniano, representou uma importância secundária nessa época.

b) Embora seja conhecida como "A Idade das Trevas", o conhecimento filosófico medieval significou um profícuo período na história da Filosofia.

c) Pode ser considerada como prolongamento da Filosofia romana e como uma tentativa de conciliar o conhecimento secular às doutrinas místicas-pagãs nascentes.

d) Entre os principais problemas discutidos nessa época estão os problemas da moral, da natureza e do mundo, como o entendimento da mecânica do universo.

10) Sobre a Escolástica, marque abaixo a opção incorreta:

a) O Escolasticismo foi o método filosófico dominante no ensino, nas universidades medievais (séculos XI-XIV). Basicamente, a questão-chave que vai atravessar todo o pensamento escolástico é a harmonização de duas esferas: a fé e a razão.

b) Santo Agostinho, filósofo e doutor da Igreja, mais conservador, defende uma subordinação maior da razão em relação à fé, por crer que esta venha restaurar a condição decaída da razão humana.

c) Tomás de Aquino, também doutor da Igreja, defende uma certa autonomia da razão na obtenção de respostas, por força da inovação do aristotelismo, ainda que, em seus escritos, não menospreze a razão e "cristianize" o aristotelismo.

d) Num período anterior houve um forte movimento dos Padres da Igreja, chamado de Patrística. Este movimento, apesar de respeitar as teses cristãs, preferiam, como fonte de conhecimento, os escritos dos antigos filósofos à Bíblia.

11) Todas as afirmações abaixo condizem com a Filosofia Renascentista, exceto:

a) Nesse período de transição, a redescoberta de textos da Antiguidade contribuiu para que o interesse filosófico saísse dos estudos técnicos de lógica, metafísica e teologia e se voltasse para estudos ecléticos nas áreas da filologia, da moralidade e das artes.

b) O renascimento revigorou a concepção da natureza como um todo orgânico, sujeito à compreensão e influência humanas. De uma forma ou de outra, essa concepção está presente nos trabalhos de Nicolau de Cusa, Giordano Bruno e Galileu Galilei.

c) À medida que a autoridade secular cedia lugar à autoridade eclesiástica e que o foco dos interesses voltava-se para a religião em detrimento da política, as crises internas demandavam soluções práticas para problemas teológicos e sociais.

d) Desse modo, a Filosofia Política, que por vários séculos esteve dormente, recebeu um novo impulso durante o Renascimento. Nessa área, destacam-se as obras de Nicolau Maquiavel e Jean Bodin, cujos escritos valorizavam os direitos de poder dos monarcas.

12) Sobre a Filosofia Moderna, marque (V) verdadeiro ou (F) falso nas lacunas abaixo:

( ) É caracterizada pela preponderância da epistemologia sobre a metafísica. A justificativa dos filósofos modernos estava na ideia de que, antes de querer conhecer tudo o que existe, seria necessário conhecer o que se pode conhecer.

( ) Considerado um dos fundadores da Filosofia Moderna, René Descartes redirecionou o foco à discussão filosófica para o sujeito pensante. O projeto de Descartes era o de assentar o edifício do conhecimento sobre bases racionalistas.

( ) A noção de que nosso conhecimento principia nas ideias ganhou força através de Locke; para ele, não há outra fonte de conhecimento senão a própria razão, processada pelo entendimento, o que ele denominou de inatismo.

( ) Como contraproposta às teses racionalista e empirista, Kant afirmou, na *Crítica da razão pura*, que tudo o que foi dito até aquele momento dependia de um "transcendentalismo", cujo entendimento dependia de um saber místico-transcendental.

13) Sobre o Racionalismo, marque abaixo a opção incorreta:

a) É a corrente filosófica que iniciou com a definição do raciocínio que é a operação mental, discursiva e lógica. Este usa uma ou mais proposições para extrair conclusões se uma ou outra proposição é verdadeira, falsa ou provável.

b) É a corrente do utilitarismo que se ocupa em procurar, estabelecer e propor caminhos de abstração para analisar determinadas hipóteses. Tais fins são postulados sob a forma de métodos úteis, a fim de universalizar conclusões.

c) É a doutrina que afirma que tudo que existe tem uma causa inteligível, mesmo que não possa ser demonstrada de fato, como a origem do universo. Privilegia a razão em detrimento da experiência do mundo sensível como via de acesso ao conhecimento.

d) O racionalismo é baseado nos princípios da busca da certeza e da demonstração, sustentados por um conhecimento *a priori* em detrimento do *a posteriori*, ou seja, conhecimentos baseados primeiramente em princípios da razão, não nos dados da experiência.

14) Sobre o Empirismo, marque abaixo a opção correta:

a) A doutrina do empirismo foi definida sobretudo pelo filósofo inglês John Locke no século XVII. Locke argumentou que a mente seria, originalmente, um "quadro em branco", sobre o qual é gravado o conhecimento, cuja base é a sensação.

b) Segundo o empirismo, a origem das ideias é percebida pela suspensão do juízo, por onde se percebe as coisas; pela relação de causa-efeito; independente da vontade do sujeito que é dotado de percepção e capaz do método dedutivo ou da dúvida.

c) Na ciência, o empirismo é normalmente utilizado quando falamos do método científico tradicional, o qual defende que as teorias científicas devem ser baseadas na observação, na intuição do mundo e na mentalização da conjectura.

d) Um conceito capital na ciência no método científico é que toda evidência deve ser empírica, isto é, depende da comprovação da experiência, adquirida primeiramente pelo entendimento racional, que prepondera sobre a atuação dos cinco sentidos.

15) Leia o trecho abaixo sobre a doutrina de Immanuel Kant:

Denominamos sensibilidade a receptividade de nossa mente para receber representações na medida em que é afetada de algum modo; em contrapartida, denominamos entendimento ou espontaneidade do conhecimento a faculdade do próprio entendimento de produzir representações. A nossa natureza é constituída de um modo tal que a intuição não pode ser senão sensível, isto é, contém somente o modo como somos afetados por objetos. Frente a isso, o entendimento é a faculdade de pensar o objeto da intuição sensível. Nenhuma dessas atividades deve ser preferida a outra. Sem sensibilidade nenhum objeto nos seria dado, e sem entendimento nenhum seria pensado.

* O trecho acima corresponde, certamente, ao seguinte assunto e obra de Kant:

a) Sobre o problema das categorias da sensibilidade, na *Crítica do juízo*.

b) Sobre o problema da autonomia e da heteronomia, na *Crítica da razão prática*.

c) Sobre o problema da origem do conhecimento, na *Crítica da razão pura*.

d) Sobre o problema do dever moral, em *Fundamentos da metafísica dos costumes*.

16) Sobre o Iluminismo, marque (V) verdadeiro ou (F) falso nas lacunas abaixo:

( ) Este movimento teve como principais características: a ênfase nos ideais de progresso e combate ao domínio teológico da Igreja, assim como na defesa do conhecimento racional como meio para a superação de preconceitos e ideologias tradicionais.

( ) Como fora um movimento incitado pela elite intelectual da França, embora tenha sido amplamente divulgado, a filosofia iluminista ficou restrita aos salões franceses e, por isso, malogrou nos seus objetivos universais.

( ) Sabe-se que muitos pensadores iluministas passaram a afastar-se das premissas mecanicistas, legadas pelas teorias físicas do século XVII, aproximando-se então das teorias vitalistas, que eram desenvolvidas pelas nascentes ciências da vida.

( ) No espaço cultural alemão, um dos destaques do Iluminismo alemão foi a figura de Immanuel Kant, cuja filosofia defendia a saída do homem da menoridade, ensinando-lhe a pensar por si mesmo e a não repousar nas decisões de um outro.

17) Leia as afirmações abaixo sobre as doutrinas socialistas do século XIX:

I – Forma de socialismo que acreditava que a transição para uma sociedade socialista poderia ocorrer sem uma revolução, por meio de uma evolução democrática; pregava uma gradual reforma legislativa do sistema capitalista.

II – Forma de socialismo que visava aplicar os ensinamentos cristãos aos problemas sociais gerados pela industrialização. Foi através da encíclica *Rerum Novarum* que o Papa Leão XIII reavivou o papel da Igreja como instrumento de justiça social.

III – Forma de socialismo que propunha compreender a realidade e transformá-la mediante a análise dos mecanismos econômicos e sociais do capitalismo, constituindo assim uma proposta revolucionária do proletariado.

IV – Forma de socialismo que defendia uma sociedade em que não haveria ociosos nem a exploração econômica de uns grupos por outros. Propunha ainda a divisão da sociedade em três classes: os sábios, os proprietários e os desapossados.

* Os itens acima correspondem, respectivamente, aos seguintes socialismos:

a) Democrata / cristão / científico / utópico;

b) Cristão / científico / democrata / utópico;

c) Democrata / utópico / cristão / científico;

d) Científico / democrata / utópico / cristão.

18) Leia as afirmações abaixo sobre o Positivismo:

I – Para Comte, o Positivismo é uma doutrina filosófica, religiosa e política. Surgiu com o desenvolvimento sociológico do Iluminismo; em linhas gerais, ele propõe a existência de valores metafísicos em oposição à nascente sociedade industrial.

II - Augusto Comte, por meio da obra *Sistema de política positiva*, acreditava na religião cristã da humanidade. Depois, após a elaboração de sua filosofia, Comte concluiu que deveria inexistir nenhuma religião, pois todas elas são criadas pelo homem, por isso defendia o ateísmo absoluto.

III - O lema máximo do Positivismo era: "O Amor por princípio e a Ordem por base; e o Progresso por fim". Seu sentido é a realização dos ideais republicanos: a busca de condições sociais básicas e o melhoramento do país.

IV - O lema da Bandeira Nacional Brasileira foi inspirado na fórmula máxima do Positivismo; a divisa: "Ordem e Progresso", posta no lugar da coroa imperial, deve-se a Benjamim Constant, que, na época, havia se tornado partidário dos ideais positivistas.

* Baseado nos itens acima, marque abaixo a opção correta:

a) I e II são verdadeiras;   c) I e III são verdadeiras;
b) II e IV são verdadeiras;   d) III e IV são verdadeiras.

19) Leia as informações abaixo sobre a Escola de Frankfurt:

I - A escola, inicialmente, consistia de cientistas sociais marxistas dissidentes, que acreditavam que alguns dos seguidores de Karl Marx tinham limitado as suas ideias, usualmente, em defesa dos partidos comunistas ortodoxos.

II - Muitos dos teóricos dessa escola defendiam a tese que a tradicional teoria marxista já era suficiente para dar conta do desenvolvimento das sociedades modernas, no século XX e nos vindouros, seja no sistema socialista, seja no capitalista.

III - A fim de preencher as percebidas omissões do marxismo tradicional, eles buscaram alternativas de soluções em outras escolas de pensamento, tais como: o ceticismo, o ecletismo, o historicismo e o psicologismo.

IV – Entre os proeminentes teóricos desta escola podemos citar: Max Horkheimer, Theodor Adorno, Erich Fromm, Herbert Marcuse, Walter Benjamin e Jürgen Habermas.

* Baseado nos itens acima, marque abaixo a alternativa correta:

a) I e II são falsas;
b) II e IV são falsas;
c) I e IV são falsas;
d) II e III são falsas;

20) Sobre o Existencialismo, marque abaixo a opção <u>correta</u>:

a) É uma doutrina moralista que destaca a liberdade, a responsabilidade e subjetividade num contexto social. O Existencialismo considera o sujeito como um ser único que é determinado pela sociedade e pela religião para resignar-se e cumprir o seu destino.

b) "O homem está condenado a ser livre." Com esta afirmação, vemos o peso da responsabilidade da existência humana. E, diante dessa possibilidade de escolher, ele se angustia, pois só ao indivíduo mesmo cabe tomar as suas decisões.

c) Afirma a prioridade da essência sobre a existência; segundo a definição de Sartre: "A essência precede e governa a existência". Essa definição funda a vida moral do homem, visto que este é predefinido onticamente, antes mesmo de existir.

d) Conforme afirmara Sartre, é por viver tomando decisões que o homem precisa de Deus para aplacar essa angústia. Deus, através da religião, auxiliaria o homem, por meio de sábias respostas, nos seus momentos de dificuldades.

21) Sobre o Positivismo Lógico, marque (V) verdadeiro ou (F) falso nas lacunas abaixo:

( ) É uma posição filosófica geral, também denominada empirismo lógico ou neopositivismo, desenvolvida por membros do Círculo de Viena com base no pensamento empírico tradicional e no desenvolvimento da lógica moderna.

( ) Carnap tornou-se conhecido por defender que muitas questões filosóficas são "pseudoproblemas". Contrapondo a essa posição, e a fim de reacender as verdadeiras questões filosóficas, ele propôs o ressurgimento da metafísica clássica.

( ) A publicação do *Tractatus Logico-Philosophicus*, de Wittgenstein, exerceu profunda influência no desenvolvimento do Positivismo Lógico. Mais tarde, as ideias por ele formuladas a partir de 1930 e difundidas em Cambridge e Oxford impulsionaram ainda outro movimento filosófico, a chamada "filosofia da linguagem comum".

( ) O Positivismo Lógico sobrelevou a Ontologia, utilizando a lógica aristotélica para embasar sua Teoria do Conhecimento. Tais procedimentos foram demonstrados por filósofos proeminentes como Quine, Popper e Schlick em suas respectivas obras.

22) Sobre a Psicanálise, de Sigmund Freud, que muito contribuiu para a Filosofia Contemporânea, marque abaixo a opção incorreta:

a) Segundo Freud, a repressão é uma espécie de recalque, onde homens e mulheres, principalmente de sua época, suprimiam desejos sexuais para que não manifestassem a sua homoafetividade.

b) Freud acreditava que os instintos, impulsos e desejos (libido), em suma, as pulsões de natureza sexual e a sexualidade não se reduzem ao ato sexual genital, mas a todos os desejos que pedem e encontram satisfação na totalidade de nosso corpo. Neles realizamos desejos inconscientes de natureza sexual.

c) Como parte de sua teoria, Freud postula também a existência de um "subconsciente", descrita como a camada entre o consciente e o inconsciente, cuja parte protege a mente da invasão de sentimentos ou emoções indesejadas e assim as pessoas ficariam livres de relembrar os traumas que as fazem sofrer.

d) Existem três divisões do consciente: o id, que representa os processos primitivos do pensamento; o ego, que permanece entre ambos, alternando nossas necessidades primitivas e nossas crenças éticas e morais; e o superego, a parte que age contra o id e representa os pensamentos morais internalizados.

23) Leia as afirmações abaixo sobre alguns dos grandes cientistas que revolucionaram o mundo através de suas descobertas científicas:

I – Segundo a sua Teoria da Evolução das Espécies, a chamada "seleção natural" no meio ambiente significa a sobrevivência das espécies mais fortes, que superam adversidades e se adaptam às transformações do ambiente.

II – Segundo a sua Teoria do Heliocentrismo, o Sol é o centro do sistema solar; fato que contrariou a vigente Teoria Geocêntrica, que considerava a Terra como o centro do universo; tal achado foi considerado o pontapé inicial da astronomia moderna.

III – É considerado o principal fundador da moderna Psicologia Experimental, por meio de suas obras e da criação do primeiro laboratório dedicado a essa atividade; fato que favoreceu o recrudescimento da Psicologia como ciência.

IV – É considerado o criador da Física Moderna, devido a sua formalização da mecânica de Galileu, sua formulação da lei da gravidade e suas pesquisas em ótica; também é conhecido pelas suas pesquisas em Alquimia e Teologia.

* Os itens acima correspondem, respectivamente, aos seguintes cientistas:

a) Louis Pasteur / Albert Einstein / Frederic Skinner / Werner Heinsenberg.

b) Jean B. Lamarck / Johannes Kepler / Carl G. Jung / Antoine Lavoisier.

c) Alexander Fleming / Stephen Hawking / Jacques Lacan / Arquimedes.

d) Charles Darwin / Nicolau Copérnico / Wilhelm Wundt / Isaac Newton.

24) Sobre doutrinas surgidas ao longo da história da Filosofia, numere as lacunas abaixo assim: (1) Vitalismo; (2) Ecletismo; (3) Cientificismo; e (4) Personalismo:

( ) Idealizada por Victor Cousin, consiste num método filosófico que busca a conciliação de teorias distintas, retirando de diferentes sistemas de pensamento certos elementos para fundi-los num novo sistema, a fim de se obter uma doutrina melhor.

( ) Refere-se à crença da aplicabilidade universal das aproximações e métodos da ciência antiga, especialmente a visão de que a ciência racionalista constitui a visão do mundo com mais autoridade ou a parte da aprendizagem humana mais valiosa.

( ) Doutrina que considera que existe em cada indivíduo, enquanto ser vivo, um princípio vital, que não se reduz nem à alma ou à mente, nem ao corpo físico, mas que gera a vida através de uma energia própria; tem como representante Bergson.

( ) Idealizado por E. Mounier, considera a pessoa como um ser inviolável, dotado de liberdade, criatividade e responsabilidade; pessoa é, outrossim, uma alma encarnada em um corpo, situada na história e constitutivamente comunitária.

25) Sobre conceitos e doutrinas epistemológicos, surgidos ao longo da história da Filosofia, numere as lacunas abaixo, do seguinte modo: (1) Realismo; (2) Idealismo; (3) Determinismo; e (4) Naturalismo:

( ) É uma teoria, de cunho mecanicista, segundo a qual todos os fenômenos se explicam pela causalidade mecânica, inclusive o universo, o qual pressupõe a existência de um ser superior não mecânico (Deus) que o construiu.

( ) Concepção que não admite a existência de nada que seja exterior à natureza, reduzindo a realidade ao mundo natural e a nossa experiência deste. Recusa, portanto, qualquer elemento sobrenatural ou princípio transcendente.

( ) Parte de uma perspectiva empirista, na qual a realidade se confunde com aquilo que dela se percebe; conclui que existe uma realidade exterior, determinada, autônoma, independente do conhecimento que se pode ter sobre ela.

( ) Qualquer teoria filosófica em que o mundo material, objetivo, exterior só pode ser compreendido plenamente a partir de sua verdade mental ou subjetiva. Do ponto de vista do conhecimento, significa a redução do objeto ao sujeito conhecedor.

7. Exercícios do método Áreas da Filosofia

26) Leia as afirmações abaixo sobre o estudo da Filosofia:

I – É o estudo de problemas fundamentais relacionados à existência, ao conhecimento, à verdade, aos valores morais e estéticos, à mente e à linguagem. Distingue-se da mitologia e da religião, devido a sua ênfase na análise crítica e racional.

II – A Filosofia ocidental surgiu na Grécia Antiga; desde então, uma sucessão de pensadores originais empenhou-se em responder questões acerca da realidade última das coisas, das origens e características do conhecimento verdadeiro.

III – Ao longo dos séculos, vários ramos do conhecimento se desvencilharam da Filosofia e se tornaram ciências autônomas e com métodos próprios. Mas a filosofia atual ainda é vista como uma área que trata de questões que perpassam a todos eles.

IV – A Filosofia Contemporânea ramificou-se de tal maneira que já não é possível delimitar a sua abrangência; por exemplo, hoje, existem novas áreas, como as pseudociências (astrologia, esoterismo, ufologia), que consistem em teorias filosóficas.

* Baseado nos itens acima, marque abaixo a opção correta:

a) Há uma afirmação falsa;   c) Há três afirmações falsas;

b) Há duas afirmações falsas;   d) Nenhuma afirmação é falsa.

27) Sobre as principais áreas ou divisões da Filosofia, numere as lacunas abaixo do seguinte modo: (1) Metafísica; (2) Lógica; (3) Filosofia da Ciência; (4) Ética; (5) Política; e (6) Estética:

( ) Estudo crítico das diversas formas de manifestação artística como expressão das emoções humanas. Exemplo de questionamento: Aquilo é uma obra de arte?

( ) Estudo crítico das ciências, verificando suas condições, procedimentos e aplicações. Exemplos de questionamentos: Ciência x Filosofia? Quem tem razão?

( ) Estudo sobre os sistemas de organização de governo e/ou formas de poder. Exemplos de questionamentos: O que é cidadania? E democracia?

( ) Estudo dos princípios e fundamentos últimos de toda realidade, de todos os seres. Exemplos de questionamentos: Existe Deus? O que é o ser?

( ) Estudo dos valores e dos juízos morais; também trata da reflexão sobre nossas ações, hábitos e costumes. Exemplos de questionamentos: A moral é relativa?

( ) Estudo das formas e regras gerais do pensamento correto e verdadeiro, através do raciocínio. Exemplo de questionamento: O que é silogismo?

28) Sobre as Ciências Humanas que auxiliam diretamente a Filosofia, numere as lacunas abaixo assim: (1) História; (2) Sociologia; (3) Antropologia; e (4) Psicologia:

( ) Basicamente, tal ciência consiste no estudo da mente e do comportamento humano; investiga e procura tratar das disfunções psíquicas ou mentais do ser humano, através de terapias; tem como ciências irmãs a psiquiatria e a psicanálise.

( ) Enquanto a Filosofia estuda a relação do homem com a natureza, abstraindo o pensamento do ser humano, esta ciência estuda o homem nas suas variações e evoluções biológicas e culturais, mormente, realizadas em trabalhos de campo.

( ) Ciência que estuda as relações sociais e as formas de associação, considerando as interações que ocorrem na vida em sociedade. Trata de questões como: grupos sociais, divisão social, mobilidade social, conflitos e cooperação.

( ) Esta ciência tem sua origem nas investigações de Heródoto; e significa "conhecimento advindo da investigação"; estuda o homem e sua ação no tempo e no espaço, concomitante à análise de processos e eventos ocorridos no passado.

29) Sobre a Metafísica, leia as afirmações abaixo e depois numere as lacunas de acordo com a ordem de sua evolução na história da Filosofia:

( ) Os filósofos e teólogos medievais também consideravam como "metafísica" tanto as investigações sobre a natureza de Deus e de suas relações com o mundo, como as pesquisas sobre as características mais abrangentes da realidade.

( ) Aristóteles, na Metafísica, tinha como principal objetivo investigar sobre as causas primeiras de todas as coisas, em especial, de Deus como primeiro motor do universo; ela seria apenas mais uma disciplina, como a Biologia e a Física.

( ) Mais tarde, na *Crítica da razão pura*, Kant dirá que não nos é possível conhecer a coisa em si, ou aquilo que não está no campo fenomenológico da experiência. Por isso que a metafísica é impossível como ciência, pois ela nos é incognoscivel.

( ) Já para os racionalistas, entre as novas frentes de investigação metafísica, estariam a discussão sobre as relações entre a mente e o corpo e sobre as origens e fundamentos da realidade física. A questão do ser era chamada de metafísica geral.

30) Sobre a Ontologia, marque (V) verdadeiro ou (F) falso nas lacunas abaixo:

( ) Ontologia é a parte da Filosofia que trata da natureza do ser, da existência dos entes e das questões metafísicas em geral. Ela trata do ser enquanto ser, como tendo uma natureza comum que é inerente a todos os seres.

( ) A Ontologia também diz respeito aos deveres morais, uma vez que busca fundamentar o comportamento do ser humano (daí deontologia), bem como sua origem e desenvolvimento nas relações éticas com outros seres e a natureza.

( ) Segundo a doutrina de Heráclito, ao contrário do Não Ser, o Ser é Uno, Eterno e não pode ser comunicado. Fixando sua investigação na pergunta: "O que é?", ele vislumbra aquilo que está por detrás das aparências e das transformações.

( ) Segundo a doutrina de Parmênides, o devir é um conceito filosófico que qualifica a mudança constante, a perenidade de algo ou alguém. O devir é a lei do mundo. Como certa vez afirmou: "ninguém entra duas vezes no mesmo rio".

31) Leia as afirmações abaixo sobre a Lógica:

I – Lógica significa palavra, pensamento, ideia, argumento, relato, razão lógica ou princípio lógico; é o estudo formal e sistemático dos princípios da inferência válida, um sistema axiomático que visa representar o raciocínio válido.

II – A lógica é o ramo filosófico que cuida das regras do pensar correto, sendo um instrumento do pensar. A lógica tem sentido enquanto meio de garantir que nosso pensamento proceda corretamente a fim de chegar a conhecimentos verdadeiros.

III – Na lógica clássica, destacou-se o *Organon*, uma obra pioneira de Platão. Na Idade Média, ela se expandiu devido à obra *Novum Organum*, de Galileu. E, na Modernidade, a lógica consolidou-se devido à obra *Lógica do sentido*, de Frege.

IV – A lógica caracteriza-se por ser instrumental, formal, propedêutica, normativa, geral e temporal; o objetivo da lógica é a proposição, que exprime, através da linguagem, os juízos formulados pelo pensamento.

* Baseado nos itens acima, marque abaixo a opção correta:

a) II, III e IV são verdadeiras;   c) I, II e III são verdadeiras;

b) I, II e IV são verdadeiras;   d) Todas são verdadeiras.

32) Sobre os princípios lógicos racionais, numere as lacunas abaixo, assim: (1) Identidade; (2) Não contradição; (3) Terceiro excluído; (4) Razão suficiente:

( ) Afirma que uma coisa, seja ela qual for, só pode ser conhecida e pensada se for percebida e conservada com sua identidade. Exemplo: A é A, isto é, um triângulo tem três lados e três ângulos e não poderia ser de outra forma.

( ) Também chamado de princípio da causalidade, afirma que tudo o que existe e tudo o que acontece tem uma causa ou motivo para existir ou acontecer, e que pode ser conhecida pela nossa razão. Exemplo: dado A, necessariamente se dará B.

( ) Afirma que uma coisa ou uma ideia que negam a si mesmas se autrodestroem, desapareçam, deixam de existir. Afirma que as coisas e as ideias contraditórias são impensáveis ou impossíveis. Exemplo: A é A, logo, é impossível que seja não A.

( ) Define a decisão de um dilema e exige que apenas uma das alternativas seja verdadeira e não há terceira possibilidade, pois, entre várias escolhas possíveis, só há realmente duas: a certa ou a errada. Exemplo: Que se faça a guerra ou a paz!

33) Sobre a Teoria do Conhecimento, em Platão, numere as lacunas abaixo de acordo com a coerência do texto:

( ) Assim, a partir desse conhecimento, o ser humano é capaz de construir seu conhecimento através da dialética, subindo do mais baixo degrau, que é a opinião (*doxa*), ao mais alto degrau, que é o conhecimento verdadeiro (*philosophia*).

( ) Platão elaborou uma Teoria das Ideias ou das Formas, segundo a qual o que há de permanente em um objeto é a Ideia, mais precisamente a participação desse objeto na sua Ideia correspondente, no chamado Mundo das Ideias.

( ) No entanto, ao ver um objeto aparecer de diferentes formas (como as diferentes árvores), a alma se recorda da Ideia daquele objeto que um dia foi visto. Tal recordação, Platão denomina de *anamnesis*.

( ) Para explicar como se dá isso, Platão afirma que, antes de nascer, a alma vive em outro mundo ou outra dimensão. Ao nascer, devido ao forte impacto do parto, a alma esquece o que viu no outro mundo.

34) Sobre as correntes ou posturas da Teoria do Conhecimento, numere as lacunas abaixo assim: (1) Dogmatismo; (2) Ceticismo; (3) Relativismo; e (4) Perspectivismo:

( ) Atitude filosófica que nega a existência de uma verdade absoluta; cada indivíduo possui sua própria verdade, em função do seu contexto histórico. Postura defendida pelos sofistas;

( ) Atitude filosófica que duvida de que seja possível um conhecimento firme e seguro, por isso questiona e põe à prova as ditas verdades. Postura defendida por Pirro de Élis;

( ) Atitude filosófica pela qual podemos adquirir conhecimentos seguros e universais, conhecimentos seguros, universais e até inquestionáveis. Postura defendida por filósofos cristãos medievais;

( ) Atitude filosófica que acredita na existência de uma verdade absoluta, mas que o homem é capaz de alcançar só uma pequena parte disso. Postura defendida por Nietzsche.

35) Sobre a Filosofia da Ciência, marque (V) verdadeiro ou (F) falso nas lacunas abaixo:

( ) Filosofia da Ciência é o campo da pesquisa que estuda os fundamentos, pressupostos e implicações filosóficas da ciência, incluindo aí os conhecimentos místicos, através de práticas milenares, como, por exemplo, a alquimia e a homeopatia.

( ) No pensamento anglo-saxão, o conceito de Epistemologia se confunde com Teoria do Conhecimento, uma vez que seu estudo se preocupa com a gênese, a estruturação e o crescimento do conhecimento científico.

( ) A Filosofia da Ciência tem em seu bojo os seguintes aspectos: a natureza das afirmações e seus conceitos lógicos, os meios para determinar a validade da informação, e como o conhecimento neopositivista exerceu influência sobre a natureza.

( ) Outrossim, ela tenta explicar a formulação e uso do método científico, os tipos de argumentos usados para chegar às conclusões, às implicações dos métodos e os modelos científicos para a sociedade e para as próprias ciências.

36) Leia as afirmações abaixo sobre alguns conceitos em Filosofia Política:

I – Forma de governo em que o poder político está concentrado com um pequeno número de pessoas. Essas pessoas podem distinguir-se pela nobreza, a riqueza, os laços familiares, empresas ou poder militar.

II – Forma de governo usada em situações excepcionais, em alternativa à democracia. Nela o chefe governa com poder ilimitado, embora sem perder de vista que deve representar a vontade do povo. Hoje, o termo tem conotação negativa.

III – Forma de governo na qual o poder político é dominado por um grupo elitista. Normalmente, as pessoas desse grupo são da classe dominante, como grandes proprietários de terra (latifundiários), militares e sacerdotes.

IV – Forma de governo em que o chefe de Estado mantém-se no cargo até a morte ou a abdicação, sendo normalmente uma sucessão hereditária. O chefe de Estado recebe o título de imperador ou rei.

* Os itens acima correspondem, respectivamente, às seguintes formas de governo:

a) Oligarquia / Tirania / Aristocracia / Monarquia;

b) Tirania / Aristocracia / Monarquia / Oligarquia;

c) Monarquia / Oligarquia / Tirania / Aristocracia;

d) Aristocracia / Monarquia / Oligarquia / Tirania.

37) Sobre a Ética e a Moral, marque abaixo a opção <u>incorreta</u>:

a) Ética é um ramo da Filosofia dedicado aos valores morais, cujo termo, em grego, significa aquilo que pertence ao hábito ou costume; para a Ética, os hábitos ou as atitudes humanas só têm validade universal quando independam de época e lugar.

b) Enquanto a Ética tem seus fundamentos na obediência a normas, costumes ou tradições culturais, em determinado lugar, a Moral, ao contrário, busca fundamentar os bons hábitos por meio dos princípios humanos universais e duradouros.

c) Na Filosofia Clássica, a Ética não se resume à Moral (entendida como "costume"), ela busca a fundamentação teórica a fim de encontrar o melhor modo de se viver e conviver; tanto na vida privada quanto na vida pública.

d) A Ética consiste num ramo da Filosofia que tem por objetivo elaborar uma reflexão sobre a formação do caráter, que é a soma de nossos hábitos, virtudes e vícios, fundamentada numa moralidade onde a humanidade seja o fim em si mesma.

38) Leia as afirmações abaixo sobre as antigas doutrinas éticas e depois marque a opção correta:

I – Para essa doutrina, a felicidade não consiste nem nos prazeres, nem nas riquezas, mas numa vida virtuosa (*areté*). Através de sua prática (*praxis*), o homem adquirirá prudência (*phronesis*) e sabedoria (*sophia*) para alcançar a felicidade.

II – Para essa doutrina, a felicidade consiste na busca do prazer, que ele definia como um estado de tranquilidade e de libertação da superstição e do medo, assim como a ausência de sofrimento, obtida pelo conhecimento, amizade e uma vida simples.

III – Para essa doutrina, a felicidade era identificada como o poder sobre si mesmo, que poderia ser alcançada se o homem eliminasse da vontade tudo o que é supérfluo; defende, inclusive, um retorno à vida da natureza, errante e instintiva.

IV – Para essa doutrina, a felicidade consistia em viver de acordo com a lei racional da natureza e aconselha a indiferença e a serenidade em relação a tudo que é externo. O sábio obedece à lei natural considerando-se uma peça na mecânica universal.

* Os itens acima correspondem, respectivamente, às seguintes doutrinas:

a) Epicurismo / Aristotelismo / Estoicismo / Cinismo;

b) Cinismo / Aristotelismo/ Epicurismo / Estoicismo;

c) Estoicismo / Cinismo / Aristotelismo / Epicurismo;

d) Aristotelismo / Epicurismo / Cinismo / Estoicismo.

39) Sobre a Filosofia da Arte, marque abaixo a opção incorreta:

a) Estética é um ramo da Filosofia que tem por objeto o estudo da natureza do belo e dos fundamentos da Arte. Ela estuda o julgamento e a percepção do que é considerado belo e a produção das emoções pelos fenômenos estéticos.

b) A Estética estuda as diferentes formas de Arte e da técnica artística, a ideia de obra de arte e de criação, a relação entre matérias e formas nas artes. Nesse sentido, a estética também pode ocupar-se do sublime ou da beleza.

c) Desde Hegel ganhou espaço a concepção objetiva do belo como algo resultante da obra do homem, não sendo mais uma propriedade simplesmente subjetiva das coisas, mas algo que é transcendente à realidade do espírito.

d) Alexander Baumgarten é considerado o fundador do ramo Filosofia da Arte devido a cunhagem do termo "estética", no século XVIII, cujo estudo compreendeu as obras de arte (e seus respectivos autores), baseado no conhecimento sensorial.

40) Leia as afirmações abaixo sobre a Estética Moderna:

I – Na obra *Curso de Estética*, sua análise do belo é basicamente em cima do belo artístico, relegando o belo natural a um segundo plano, pois, segundo este filósofo, o belo carece de realidade física e pertence ao plano da imaginação do sujeito.

II – Em sua obra *Hípias Maior* considerava que o belo estava no plano do ideal; a ideia do belo em si era colocada por ele como absoluto e eterno, restando ao mundo sensível apenas a imitação ou a cópia desta beleza perfeita.

III - Em sua obra *Crítica do juízo*, diz que o belo é o que agrada universalmente, mas sem relação com qualquer conceito. Isso comprova que não existe uma definição exata sobre belo, mas sim um sentimento que é universal e necessário.

IV - Em sua obra *Poética*, diz que toda arte é imitação da realidade sensível. Essa imitação (*mimesis*) tem como objetivo a vida humana; também alega que a tragédia, através do medo e da piedade, efetua a purificação da alma (*kathársis*).

* Os itens acima correspondem, respectivamente, aos seguintes filósofos:

a) Arisóteles / Platão / Kant / Hegel;

b) Hegel / Platão / Kant / Aristóteles;

c) Platão / Aristóteles / Hegel / Kant;

d) Hegel / Kant / Aristóteles / Platão.

41) Leia as afirmações abaixo sobre a Filosofia da Linguagem:

I - A linguagem tem, sobretudo, função comunicativa, isto é, por meio das palavras entramos em relação com o outro. Os surdos-mudos, por exemplo, utilizam a "linguagem dos sinais", como segundo idioma, após priorizar o seu idioma vernáculo.

II - A capacidade de comunicação nos seres humanos, na verdade, é convencional, isto é, surgem de condições históricas, geográficas e sociais determinadas, ou seja, são sobretudo fatos culturais.

III - Os filósofos da linguagem se ocupam sobretudo com o conceito, cujo ofício consiste em elaborar significados e sinônimos dos termos nas frases. Não é à toa que eles são os responsáveis pela editoração de dicionários e enciclopédias.

IV – A linguagem exprime pensamentos, sentimentos e valores, sendo nesse caso conotativa, ou seja, uma mesma palavra pode exprimir sentidos ou significados diferentes.

* Baseado nos itens acima, marque abaixo a opção correta:

a) I e II são falsas;   c) I e III são falsas;
b) II e IV são falsas; d) I e IV são falsas.

42) Sobre a Filosofia Analítica, marque abaixo a opção incorreta:

a) A partir de meados do século XX, sob a forte influência de estudos advindos do campo da lógica, houve uma retomada, por parte dos filósofos analíticos, de questões teológicas, morais e estéticas, tal como concebidas, na filosofia moderna.

b) O Círculo de Viena tinha como objetivo chegar a uma unificação do saber científico pela eliminação dos conceitos vazios de sentido e dos pseudoproblemas da metafísica e pelo emprego dos famosos critérios da verificabilidade que distingue a ciência da metafísica.

c) Frege é um dos fundadores da filosofia analítica, principalmente por causa de suas contribuições à filosofia da linguagem, incluindo a criação de um sistema de representação simbólica para representar formalmente a estrutura dos enunciados lógicos e suas relações.

d) Caracteriza-se, em linhas gerais, pela concepção de que a lógica e a teoria do significado ocupam um papel central na Filosofia, sendo que sua tarefa básica é a análise lógica das sentenças, através da qual se obtém a solução dos problemas filosóficos.

43) Sobre a Filosofia da História, numere as lacunas abaixo de acordo com a coerência do texto:

( ) Por um lado, segundo a concepção providencialista de Bossuet, a partir da origem da Terra, tudo deve ser explicado pela Divina Providência. Em sua obra *Discurso sobre a história universal*, afirmara que toda a história foi escrita pela mão de Deus.

( ) Podemos definir a Filosofia da História como o campo da Filosofia que trata da dimensão temporal da existência dos homens como existência humana sociopolítica e cultural; ela aborda sobre teorias do progresso, da evolução e da descontinuidade histórica; a filosófia da história apresenta três concepções...

( ) Existe ainda uma terceira interpretação, a chamada Teoria da História Materialista, de Marx, segundo a qual a história evolui segundo a visão socioeconômica, onde as relações de produção e as condições materiais são fatores determinantes nessa análise.

( ) Por outro lado, segundo Hegel, o processo histórico teria um fim (teleológico). Mas isso só aconteceria no momento em que o Espírito Absoluto, ou melhor, a humanidade atingisse o equilíbrio, através da Filosofia (onde se unem a Arte e Religião).

44) Leia as afirmações abaixo sobre a Filosofia Jurídica:

I – Os grandes temas deste campo filosófico são: a justiça, a propriedade, a liberdade, a igualdade, o conceito de Direito, os métodos de produção, a interpretação e aplicação do Direito (a metodologia jurídica) e a função do Direito na sociedade.

II – Em sua obra *Princípios da Filosofia do Direito*, Hegel funda a Teoria Geral do Estado; nela se explicam os fundamentos do Estado Moderno, defendendo o direito divino dos reis, o absolutismo e a sucessão do poder por hereditariedade.

III – Os filósofos do Direito afirmam que a teoria do Direito se afasta da problemática filosófica, pois questionamentos como a definição sobre a moral, justiça, verdade e outros temas afins, podem ser respondidos à luz do Direito.

IV – A história da Filosofia do Direito nos mostra que há realmente uma interseção entre as investigações filosóficas e de temas que tocam o campo jurídico; por exemplo, muitos temas da Bioética são também temas do Biodireito.

* Baseado nos itens acima, marque abaixo a opção correta:

a) II e III estão corretas; c) II e IV estão corretas;
b) I e IV estão corretas; d) I e II estão corretas.

45) Leia as afirmações abaixo sobre a Filosofia da Mente:

I – Consiste no estudo dos fenômenos da consciência, incluindo investigações sobre a Parapsicologia, cuja ciência se dedica ao estudo de fenômenos paranormais; e está mais voltada à Psicanálise do que propriamente à Filosofia.

II – Envolve estudos epistemológicos sobre o modo como a mente conhece a si mesma e sobre a relação entre os estados mentais e os estados de coisa que os mesmos representam, incluindo estudos sobre a percepção, a memória e a linguagem.

III – É um estilo de filosofar que nos últimos anos vem recolocando questões centrais da filosofia como: O que é o pensamento? Qual a natureza do mental? O que é consciência? O principal problema abordado pelos filósofos da mente é a relação mente-cérebro.

IV – Seu objeto de estudo pressupõe em seus pilares que exista alguma entidade (alma ou espírito) irreconciliável com o corpo ou o cérebro; nesse sentido, tem como fundamentos os estudos de Descartes e Leibniz no que tange à ciência cognitiva.

* Baseado nos itens acima, marque abaixo a opção correta:

a) I e II são falsas; c) III e IV são falsas;
b) II e III são falsas; d) I e IV são falsas.

46) Leia as afirmações abaixo sobre a Antropologia Filosófica:

I - É um ramo da Filosofia que investiga a estrutura essencial do homem, encarado metafisicamente, na medida em que nos conduz à questão do significado do "Ser". O homem ocupa o centro da especulação filosófica, onde tudo se deduz a partir dele.

II - É a disciplina científica que estuda as culturas e os modos de vida do passado, a partir da análise de vestígios materiais, em conjunto com a análise historiográfica. Incluem-se também nos seus estudos as intervenções do homem no meio ambiente.

III - Teve como pioneiro o filósofo Max Scheler, cujo trabalho tratou das questões relativas à conduta humana, à essência espiritual do homem, à experiência humana da realidade e à evolução do espírito nesta relação, bem como na sua relação social.

IV - Estuda e pesquisa as semelhanças e as diferenças culturais entre os vários agrupamentos humanos, assim como a origem e a evolução das culturas. Tem como temas geradores de estudo a organização familiar, a religião etc.

* Baseado nos itens acima, marque abaixo a opção que melhor define a disciplina:

a) I e III estão corretas;

b) II e IV estão corretas;

c) I e III estão corretas;

d) I e IV estão corretas.

47) Sobre a Filosofia da Religião, marque (V) verdadeiro ou (F) falso nas lacunas abaixo:

( ) Trata-se de uma das divisões da filosofia, cujo objetivo é estudar a dimensão espiritual do homem, a partir de uma perspectiva filosófica (metafísico, antropológico e ético), indagando e pesquisando sobre a essência do fenômeno religioso.

(　) O objeto da Filosofia da Religião não deve privilegiar uma certa denominação, mas fazer uma adequada conjugação de todas elas para se obter a melhor soma de elementos sobre a essência da religião e suas características universais.

(　) Em verdade, a história do pensamento filosófico sempre mostrou conivência com os preceitos religiosos, basta observarmos a sua estreita relação com as religiões ocidentais, o paganismo e com as chamadas filosofias-religiões orientais.

(　) Segundo Ludwig Feuerbach, o homem encontra-se numa alienação religiosa porque ainda não encontrou Deus na sua essência, na humanidade e no mundo; daí a sua ideia central de que é preciso que o ser humano "vire de ponta-cabeça".

48) Sobre a Filosofia Oriental, marque abaixo a opção incorreta:

a) Sem dúvida, as doutrinas orientais influenciaram as principais religiões ocidentais (judaísmo, cristianismo e islamismo), através das seguintes crenças: imortalidade da alma, existência de Deus, ressurreição dos mortos e juízo final.

b) Em verdade, devemos crer no pressuposto de que só há Filosofia ocidental, visto que ela surgiu na Antiga Grécia e seus conhecimentos são racionais e/ou científicos; os demais são apenas experiências místicas ou derivadas daquela.

c) Embora a Filosofia oriental esteja muito ligada à religião, ela não deixa de ser Filosofia; o fato é que existe uma visão eurocêntrica desta; todavia, nem por isso devemos descartar a contribuição das tradições filosóficas orientais.

d) A Filosofia indiana, embora tenha influência do hinduísmo, foi capaz de fazer a classificação e a enumeração de princípios sobre a existência do cosmos, do homem, do sofrimento humano, da mente, além de outros temas tidos como filosóficos.

49) Leia o texto abaixo sobre a Filosofia Latino-americana e depois marque a opção correta:

Embora façamos fronteira com várias nações latino-americanas, nosso desconhecimento é quase absoluto das atividades filosóficas que se desenvolvem nesses países. Continuamos a fazer Filosofia olhando para a (1) e de costas para o nosso continente. Quando observamos as publicações filosóficas que temos, constatamos a quase inexistência de livros destinados a revelar o labor reflexivo dos filósofos da região.

O mesmo ocorre quando também estendemos nossos olhares sobre os vários currículos dos inúmeros cursos de Filosofia no Brasil: raros são os que constam em seus currículos disciplinas filosóficas que versem sobre a reflexão filosófica na (2). Em alguns, nem mesmo matérias destinadas à Filosofia no Brasil são encontradas.

Quando investigamos nossos centros e instituições voltadas para a pesquisa filosófica podemos encontrar grupos e linhas de pesquisas voltadas para a filosofia francesa, alemã, dos (3), etc., mas nenhuma etiqueta que revele preocupações com o que se produz no Brasil e adjacências. Não que no (4) não existam pensadores interessados na Filosofia em nosso continente. Pelo contrário, poderíamos citar entre eles (...).

(Fonte: http://filosofiacienciaevida.uol.com.br/ESFI/Edicoes/33/artigo130277-1.asp)

* Os números acima correspondem, respectivamente, aos seguintes termos:

a) Europa / América Latina / Estados Unidos / Brasil;

b) Grécia / América Portuguesa / Inglaterra / México;

c) África / América do Sul / Alemanha / Portugal;

d) Ásia / América Espanhola / França / Argentina.

50) Leia as afirmações abaixo sobre o ensino de Filosofia no Brasil:

I - A nova redação do art. 36, IV da LDB diz: O currículo do Ensino Médio observará o disposto na Seção I deste capítulo e as seguintes diretrizes: Serão incluídas a Filosofia e a Sociologia como disciplinas obrigatórias em todas as séries do Ensino Médio.

II - A nova redação do art. 36 da LDB diz no seu § 1°: Os conteúdos, as metodologias e as formas de avaliação serão organizados de tal forma que, ao final do Ensino Médio, o educando demonstre: III - domínio dos conhecimentos de Filosofia e Sociologia necessários ao exercício da cidadania.

III - A Resolução CEB 03/98, no seu artigo 10º, b, § 2º, diz: As propostas pedagógicas das escolas deverão assegurar tratamento interdisciplinar e contextualizado para os conhecimentos de Filosofia e Sociologia, necessários ao exercício da cidadania.

IV- O Parecer 15/98 da CEB diz: Na falta de um profissional licenciado em Filosofia é permitida a contratação de um profissional de área afim ou similar; e, caso não seja possível, a contratação de um profissional de outra área.

* Baseado nos itens acima, marque abaixo a opção que contém as normatizações corretas:

a) I e II são verdadeiras;
b) III e IV são verdadeiras;
c) II e IV são verdadeiras;
d) I e III são verdadeiras.

8. Exercícios do método Filósofos e suas obras

51) Leia as afirmações abaixo sobre os chamados filósofos pré-socráticos:

I - Segundo este filósofo, tudo seria constituído pela mistura dos quatro elementos (água, ar, terra, fogo), e seria o que de imutável e indestrutível existiria no mundo; esses princípios ou elementos são separados pelo amor ou pelo ódio.

II – Foi o fundador de uma escola filosófica onde o número representaria toda a realidade; foi o idealizador de um teorema, muito utilizado na geometria; também desenvolveu uma teoria mística, cuja doutrina defendia a transmigração das almas.

III – Fundador da Escola Eleática, afirma a unidade e a imobilidade do Ser: as mudanças não passam de aparências. Para ele, a substância primitiva e fundamental de tudo é a terra, pois tudo sai da terra e volta à terra, inclusive os homens.

IV – Discípulo de Parmênides, destacou-se por seus paradoxos acerca do tempo, com os quais pretendeu refutar o mobilismo e o pitagorismo, demonstrando a incoerência do pluralismo e da noção de movimento.

* Os itens acima correspondem, respectivamente, aos seguintes pré-socráticos:

a) Xenófanes / Zenão de Eleia / Empédocles / Pitágoras;

b) Zenão de Eleia / Empédocles / Pitágoras / Xenófanes;

c) Pitágoras / Xenófanes / Zenão de Eleia / Empédocles;

d) Empédocles / Pitágoras / Xenófanes / Zenão de Eleia.

52) Sobre os mestres sofistas, marque (V) verdadeiro ou (F) falso nas lacunas abaixo:

( ) Pródico, como os demais sofistas, estava continuamente mudando de cidade, praticando e dando demonstrações públicas de suas habilidades em diversas cidades, e nos grandes centros pan-helênicos como Esparta e Atenas, cobrando por suas apresentações e por suas aulas.

( ) "O homem é a medida de todas as coisas". Com essa frase, Górgias afirma que somente o homem, devido a sua capacidade de raciocínio, pode fazer ciência e estabelecer regras acerca da natureza ou do cosmos.

( ) Segundo Protágoras, mesmo que se admita que o "ser" exista, é impossível captá-lo. E mesmo que isso fosse possível, não seria possível enunciá-lo de modo verdadeiro, e, portanto, seria sempre impossível qualquer conhecimento sobre o ser.

( ) Argumentavam que as práticas culturais existiam em função de convenções ou "nomos", e que a moralidade ou imoralidade de um ato não poderia ser julgada fora do contexto cultural em que aquele ocorreu.

53) Sobre a filosofia de Sócrates, marque abaixo a opção incorreta:

a) O método socrático consiste num procedimento filosófico, através da dialética, pela qual o filósofo, partindo das opiniões que seu interlocutor tem sobre algo, reconhece o limite de seu conhecimento e trata de descobrir, pela razão, a verdade que está em si mesmo.

b) Os diálogos entre Sócrates e seus interlocutores eram caracterizados pela maiêutica e pela ironia, cujo método consistia em induzir uma pessoa, por seu próprio raciocínio, à solução de sua dúvida e a reconhecer a sua ignorância. Foi bastante utilizada por Sócrates como forma de argumentação.

c) Sócrates escreveu diversos diálogos, dentre eles *A apologia de Sócrates*, em cuja obra advogava em causa própria, para demonstrar o autêntico exemplo de homem virtuoso. Nessa obra, o filósofo também critica a conduta dos sofistas.

d) Platão, discípulo de Sócrates, deu continuidade ao trabalho do mestre, transmitindo seus ensinamentos através de suas obras; tais escritos são tão fidedignos que fazem alguns leitores crerem que Sócrates realmente existiu e que não é uma invenção de Platão.

54) Leia o texto abaixo sobre a alegoria da caverna, de Platão:

Um grupo de indivíduos está acorrentado em uma caverna escura, iluminada apenas por uma grande fogueira atrás deles. Esses homens da caverna conseguem enxergar somente sombras de si mesmos e outras imagens tremeluzindo nas paredes, diante deles. Essa é sua realidade. A maioria dos prisioneiros é desprovida de imaginação; outros são indiferentes e simplesmente aceitam esta realidade sem especulação. Todavia, um dos prisioneiros consegue se libertar das correntes e escapa da caverna. Emergindo para a luz do dia, esse fugitivo é por ela cegado, podendo ver somente uma representação imperfeita da realidade. Com o passar do tempo, seus sentidos vão se acostumando ao novo ambiente e ele é capaz de ver as coisas mais claramente: a paisagem, os pássaros, o céu e o sol. Eventualmente, essa alma recém-iluminada retorna para a caverna e espalha a notícia do novo mundo que o deslumbra. Ele quer mostrar aos seus ex-companheiros o que existe além da clausura da caverna. Porém, esses homens não acreditam em suas palavras. Acham-no louco. Daí começam a tramar a sua morte. Ora, o escravo que se libertou tornou-se agora uma ameaça ao estado de coisas estabelecido (Platão, adaptado de *A República*, livro VII).

* Baseado no texto acima, marque (V) verdadeiro ou (F) falso nas lacunas abaixo:

- ( ) Os prisioneiros pensavam que as sombras e os ecos constituíam tudo o que existe. Logo, para eles, aquilo que enxergavam – pela parede da caverna – era real.
- ( ) Platão sugere aí que, se um desses prisioneiros conseguisse se libertar, veria que seria melhor permanecer na caverna, visto que estariam protegidos do mundo.
- ( ) Ao sair da caverna, a luz poderia ofuscar a visão do prisioneiro; mas, com o tempo, verificariam que as sombras são mais reais do que as coisas lá fora.
- ( ) Esse prisioneiro que se liberta é o filósofo, e a sua jornada em direção à luz representa o percurso da razão em sua ascensão ao conhecimento perfeito.

55) Sobre a filosofia de Aristóteles, marque a opção correta:

a) Aristóteles, ao contrário de Platão, defendia uma descontinuidade entre os conhecimentos sensível e intelectual; e há uma separação entre ambos, com uma gradação do conhecimento mais complexo ao mais simples.

b) Segundo Aristóteles existem três campos de conhecimento: o teorético, referente aos seres que apenas podemos contemplar; o prático, referente às ações humanas (ética, política etc.); e o técnico, referente ao trabalho humano.

c) Aristóteles acreditava que a lógica só era capaz de demonstrar a verdade através da dialética platônica; porque esta oferecia procedimentos mais seguros ao conhecimento, utilizando-se de princípios necessários do pensamento.

d) Aristóteles distingue quatro graus de conhecimento: crença e opinião, raciocínio e intuição. Para ele, somente os dois primeiros, por pertencerem ao campo das sensações, devem ser seguidos, ao passo que os segundos devem ser evitados.

56) Leia as afirmações abaixo, sobre os filósofos-teólogos, no contexto medieval:

I – Foi arcebispo da Igreja; foi considerado um dos iniciadores da tradição escolástica. Além de sua habilidade dialética, foi também conhecido pelo seu princípio teológico fundamental, onde afirma que a fé está em busca da inteligência.

II – Foi bispo e doutor da Igreja, seu pensamento influenciou profundamente a visão do homem medieval. Escreveu as *Confissões*, um livro autobiográfico, mas que também trata de assuntos filosóficos como a criação do mundo e a questão do tempo.

III – Foi bispo e doutor da Igreja. Interessava-se tanto pela ciência quanto pela Teologia, pregando sua coexistência pacífica. Dizia: "A ciência da natureza não consiste em ratificar o que outros disseram, mas em buscar as causas dos fenômenos".

IV – Foi frade e doutor da Igreja. Seu maior mérito foi a síntese do cristianismo com a visão aristotélica do mundo. Sustentou que a Filosofia e a Teologia não se opõem, afirmando, inclusive, que não poderia haver contradição entre fé e razão.

* Os itens acima correspondem, respectivamente, aos seguintes filósofos-teólogos:

a) Santo Agostinho / Santo Anselmo / Santo Tomás de Aquino / Santo Alberto Magno;

b) Santo Tomás de Aquino / Santo Alberto Magno / Santo Agostinho / Santo Anselmo;

c) Santo Anselmo / Santo Agostinho / Santo Alberto Magno / Santo Tomás de Aquino;

d) Santo Alberto Magno / Santo Tomás de Aquino / Santo Anselmo / Santo Agostinho.

57) Leia as afirmações abaixo sobre filósofos islâmicos e judeus:

I – A influência aristotélica se revela em sua ideia da existência do mundo de modo independente de Deus (e não existe providência divina). Já seu platonismo aparece em sua ideia de que a inteligência, fora dos seres, existe como unidade impessoal.

II – Critica a filosofia aristotélica, influenciado pelo neoplatonismo, sustentando que podemos falar do ser sem recorrer às suas categorias. Critica ainda a noção de Primeiro Motor Imóvel e a noção de substância a Deus; subordina a Filosofia à fé.

III – Filósofo helenista (século I), surgiu como o primeiro pensador a tentar conciliar o conteúdo bíblico à tradição filosófica ocidental, principalmente à platônica, sendo, inclusive, inspirador do neoplatonismo e da literatura cristã.

IV - Autor de *Guia dos indecisos*, obra de filosofia fundada na Torá (Antigo Testamento). Nela procura conciliar a filosofia árabe-aristotélica com os conhecimentos bíblicos; extraindo daí princípios teológicos, metafísicos e morais.

* Os itens acima correspondem, respectivamente, aos seguintes filósofos:

a) Avicena / Averróis / Maimônides / Fílon de Alexandria;

b) Maimônides / Fílon de Alexandria / Averróis / Avicena;

c) Fílon de Alexandria / Avicena / Maimônides / Averróis;

d) Averróis / Avicena / Fílon de Alexandria / Maimônides.

58) Sobre a filosofia de René Descartes, marque (V) verdadeiro ou (F) falso nas lacunas abaixo:

( ) Notabilizou-se por seu trabalho revolucionário na filosofia; contudo, também obteve reconhecimento matemático por sugerir a fusão da álgebra com a geometria, fato que gerou a geometria analítica e o sistema de coordenadas cartesianas.

( ) Descartes instituiu na dúvida: só se pode dizer que existe aquilo que pode ser provado, sendo o ato de duvidar indubitável. Baseado nisso, ele busca provar a existência do próprio eu - que duvida - de Deus, do mundo e dos outros.

( ) Ele dividia a realidade em *res cogitans* e *res extensa*. O primeiro se refere à matéria, ao passo que, o segundo, se refere à consciência. Para Descartes, esse "dualismo" consistia em duas substâncias dependentes e compatíveis.

( ) Considerado o "Pai da ciência moderna", acreditava que Deus criou o universo como um perfeito mecanismo e que este funcionava deterministicamente, conforme a total intervenção do Criador (o Motor Eterno) sobre os homens.

59) Sobre a filosofia de Gottfried Leibniz, acerca das "mônadas", marque abaixo a opção incorreta:

a) A contribuição mais importante de Leibniz é a sua teoria sobre as mônadas, expostas em sua obra *Monadologia*. As mônadas são formas substanciais do ser, os verdadeiros átomos da natureza, isto é, os elementos de todas as coisas.

b) Segundo Leibniz, a essência ontológica das mônadas é sua simplicidade irredutível. Assim como os átomos, as mônadas não possuem nenhuma matéria ou caráter espacial. Elas se diferenciam dos átomos por sua completa mútua independência.

c) Cada mônada reflete o próprio universo dentro de uma harmonia preestabelecida. Por força desse princípio, cada mônada segue uma instrução pré-programada, peculiar para si; assim, uma mônada sabe o que fazer em cada situação.

d) Somente Deus não é considerado uma "mônada", pois é uma substância que prevalece diante de todas elas; Deus, através de sua grandeza, razão e vontade, não apenas criou, mas rege todas as mônadas, dentro desta harmonia universal.

60) Leia as informações abaixo sobre os filósofos empiristas e depois marque a resposta correta:

I – Sua filosofia rejeitava a doutrina das ideias inatas e afirmava que todas as nossas ideias tinham origem no que era percebido pelos sentidos.

II – Aceita o empirismo, mas não admite a passagem dos conhecimentos fornecidos pelos dados da experiência para o conceito abstrato de substância material.

III – Por muito tempo seu pensamento ficou conhecido pelo seu ceticismo radical. Mais tarde, reconheceu-se sua contribuição ao conhecimento e ao despertar de Kant.

IV – Teve reconhecimento por ser um dos primeiros empiristas, e principalmente pela assertiva de que, "para dominar a natureza, precisamos antes conhecer as suas leis".

* Os itens acima correspondem, respectivamente, aos seguintes filósofos:

a) John Locke / George Berkeley / David Hume / Francis Bacon;

b) Francis Bacon / John Locke / George Berkeley / David Hume;

c) David Hume / Francis Bacon / John Locke / George Berkeley;

d) George Berkeley / David Hume / Francis Bacon / John Locke.

61) Sobre a filosofia de Michel de Montaigne, marque (V) verdadeiro ou (F) falso nas lacunas abaixo:

( ) Os *Ensaios*, mais do que o autorretrato do filósofo, é um autorretrato do homem. Montaigne, ao fazer esse estudo de auto-observação, acabou por observar também o homem em seu todo, em toda a sua complexidade e variedade humanas.

( ) Ao citar autores antigos, através de suas máximas e reflexões, Montaigne está – em sua principal obra – procurando compreender os problemas filosóficos exclusivos daquela época, a fim de entender melhor o mundo grego e latino.

( ) Montaigne não tem um sistema, nem é um moralista e tampouco um doutrinador. Tanto que, nos *Ensaios*, despreocupa-se com as superstições, os erros e o fanatismo das opiniões, para assumir uma postura cética.

( ) Nos *Ensaios*, propõe-se responder muito mais do que indagar ou polemizar. Montaigne está naquele grupo de pensadores que responde mais que questiona; e é na sua incerteza das afirmações que procura corroborar o dogmatismo.

62) Baseado na obra *Leviatã*, de Thomas Hobbes, numere as lacunas abaixo de acordo com a ordem ou coerência do texto:

( ) Por isso que, segundo Hobbes, os homens só poderiam viver em paz se concordassem em formar uma sociedade, através de um contrato social, de modo que seja outorgado o poder a um determinado soberano.

( ) O Leviatã incorpora esse poder absoluto do Estado; a ele todos os membros dessa sociedade devem submeter o suficiente da sua liberdade natural, para que a autoridade constituída possa proteger os cidadãos e fazer progredir o Estado.

( ) Hobbes afirma que todos os homens, naturalmente, têm interesses próprios, e cada um deles tem direito a tudo; e uma vez que todas as coisas são escassas, existe uma constante guerra de todos contra todos (*Bellum omnia omnes*).

( ) Este soberano pode ser um monarca ou mesmo uma assembleia; é o que ele chama de Leviatã. O leviatã é uma alusão a um poderoso animal marinho da Bíblia.

63) Considerando as ideias dos filósofos do "Século das Luzes", numere as lacunas abaixo do seguinte modo: (1) Rousseau; (2) Voltaire; (3) Montesquieu; e (4) Diderot:

( ) Sua obra-prima é a edição da *Enciclopédia* (1751-1772) ou do *Dicionário razoado das ciências, artes e ofícios*, onde reportou todo o conhecimento que a humanidade havia produzido até a sua época e os reuniu em vinte volumes.

( ) Foi um defensor aberto da reforma social, apesar das rígidas leis de censura e severas punições para quem as quebrasse. Satírico, frequentemente servia de seus escritos para criticar a Igreja Católica e as instituições francesas do seu tempo.

( ) Desenvolveu uma fértil teoria de governo que alimenta as ideias do constitucionalismo, pelo qual se busca distribuir a autoridade por meios legais, dividido em três poderes: executivo, legislativo e judiciário, mas centrado num soberano.

( ) Estabelece um princípio de organização das instituições políticas, no qual a organização de um povo em relação à propriedade, aos direitos e deveres de cada indivíduo são estipulados na lei, a partir do contrato social.

64) Leia as afirmações abaixo sobre os filósofos Jeremy Bentham e John Stuart Mill:

I – Era contrário à sujeição das mulheres. Acreditava que os homens da sua época não poderiam saber qual era a natureza da mulher, porque ela estava tolhida devido à maneira em que fora criada, induzida a agir como se fosse fraca e emotiva.

II – Criticou a religião por ter motivado a preguiça intelectual que permitiu a crença em um Deus onipotente e benevolente; aliás, cria também que o mundo não poderia ter surgido de tal Deus, caso contrário não existiria o mal desenfreado no mundo.

III – A felicidade geral, ou o interesse da comunidade em geral, deve ser entendida como o resultado de um cálculo hedonístico, isto é, a soma do bem comum e das dores da maioria dos indivíduos, a despeito do interesse da minoria.

IV – Concebeu a ideia do *Panóptico*, um projeto de prisão-modelo para a reforma dos presídios. Fato que serviu de ideia para todas as instituições educacionais, de assistência e de trabalho, advindas da questão do encarceramento.

* Baseado nos itens acima, marque abaixo a opção correta:

a) As teses I e III pertencem a Jeremy Bentham;

b) As teses III e IV pertencem a John Stuart Mill;

c) As teses II e IV pertencem a Jeremy Bentham;

d) As teses I e II pertencem a John Stuart Mill.

65) Sobre os filósofos do Idealismo alemão, marque abaixo a opção incorreta:

a) Friedrich Schelling, em sua obra *Sistema do Idealismo Transcendental*, afirma que há uma "filosofia da identidade" entre a consciência e a natureza, identidade esta que se realiza plenamente no absoluto, superando a oposição ente o sujeito e o objeto.

b) Johann Fichte formula uma noção de "ego" como um ser ativo e autônomo em um sistema determinado pela natureza. O "ego" resulta assim de um ato de autoafirmação da consciência originária, constituindo o mundo objetivo o "não ego".

c) Em sua célebre obra *Crítica da razão pura*, Kant asseverava o "transcendentalismo", cuja filosofia considera o conhecimento como algo além da possibilidade da experiência, e afirma a episteme como algo que o sujeito pensa "para e em si".

d) Na *Fenomenologia do espírito*, Hegel rompe com a filosofia transcendental kantiana, porque considerava que tal análise da consciência ignorava sua origem e processo de formação, tomando-a como dada e analisando-a em abstrato.

66) Leia as afirmações abaixo sobre a filosofia de George Hegel:

I – Hegel reintroduziu um sistema para entender a história da Filosofia e o próprio mundo, qual seja, a dialética, que consistia num movimento conjunto do pensamento e do real, que superaria as contradições, através das fases tese, antítese e síntese.

II – Hegel chama o Espírito Absoluto de Deus. A história dos homens é a história de Deus, iniciada no nascimento de Jesus Cristo, que é a síntese do Espírito e da Filosofia. E o progresso do Espírito se dá através da história da Filosofia.

III – Hegel considerava que o estudo da história era o método adequado para abordar o estudo da ciência da sociedade, já que revelaria algumas tendências do desenvolvimento histórico; para ele, a história é considerada tribunal de justiça do mundo.

IV – Seu idealismo é claro na sentença: "Tudo o que é racional é real", ou seja, para Hegel, há uma correspondência entre a ideia e a realidade, apenas de forma abstrata; logo, a realidade só existe nas nossas ideias, enquanto seres pensantes.

* Baseado nos itens acima, marque abaixo a opção correta:
a) Uma afirmação é falsa;
c) Três afirmações são falsas;
b) Duas afirmações são falsas;
d) Nenhuma afirmação é falsa.

67) Leia as afirmações abaixo sobre as obras de Nietzsche:

I – Neste livro, divididos em aforismos, aparecem pela primeira vez as ideias de que "Deus está morto", o "Eterno Retorno" e "Zaratustra", além de críticas a R. Wagner.

II – Nesta obra Nietzsche tece uma crítica à moral vigente, a partir do estudo da origem dos princípios morais que regem o Ocidente (e toda sua cultura), desde Sócrates.

III – Trata-se de uma autobiografia, onde Nietzsche diz quem ele é, o que escreve e por que escreve; dizendo saber o que o espera, anuncia o apocalipse.

IV – Nesta obra Nietzsche dirige suas críticas a Paulo de Tarso, o codificador do cristianismo. Acusa-o de deturpar o ensinamento de seu mestre – pregador da salvação no agora deste mundo, realizada nele mesmo e não em promessas de um Além.

* Os itens acima correspondem, respectivamente, às seguintes obras de Nietzsche:
a) Assim falou Zaratustra / Ecce Homo / O nascimento da tragédia / A Gaia Ciência;
b) Genealogia da moral / Crepúsculo dos ídolos / Aurora / Nietzsche contra Wagner;
c) A Gaia Ciência / Genealogia da moral / Ecce Homo / O anticristo;

d) Considerações extemporâneas / O anticristo / Gaia Ciência / Assim falou Zaratustra.

68) Leia as afirmações abaixo sobre os pensadores marxistas:

I – Trabalhou muito para o desenvolvimento prático e teórico do marxismo na Alemanha; asseverava que o capitalismo só poderia manter seu impulso estendendo-se a países não capitalistas e a países subdesenvolvidos.

II – Em sua obra *História e consciência de classe*, apresenta um marxismo bem próximo de raízes hegelianas, valorizando o materialismo histórico, contra as interpretações dogmáticas do materialismo dialético inspiradas em Engels.

III – Sua doutrina foi considerada uma aplicação da teoria marxista na União Soviética, tornando-se aí a doutrina oficial do Partido Comunista. Defendia radicalmente a tomada do poder pela revolução do proletariado.

IV – Para ele, o marxismo deve ser interpretado como uma "filosofia da praxis", isto é, a união de uma base teórica com uma prática revolucionária. Divergiu da interpretação oficial do marxismo na União Soviética sob o governo de Stalin.

* Os itens acima correspondem, respectivamente, aos seguintes marxistas:

a) George Lukács / Rosa Luxemburgo / Antonio Gramsci / Vladimir Lenin;

b) Antonio Gramsci / Vladimir Lenin / Geoge Lukács / Rosa Luxemburgo;

c) Vladimir Lenin / Antonio Gramsci / Rosa Luxemburgo / George Lukács;

d) Rosa Luxemburgo / George Lukács / Vladimir Lenin / Antonio Gramsci.

69) Leia as afirmações abaixo sobre os filósofos da Escola de Frankfurt:

I – Ao pesquisar sobre as transformações técnicas da sociedade, percebe que a reprodução de uma obra carrega consigo uma radical mudança qualitativa na relação das massas com a arte. É o que ele chama de "perda da aura". Escreveu *A obra de arte na era da sua reprodutibilidade técnica*.

II – Formulou o conceito de "indústria cultural" para caracterizar a exploração comercial e a vulgarização da cultura, principalmente através do rádio e do cinema. Também destacou-se como compositor. Escreveu *Dialética do esclarecimento*.

III – Em sua obra *Dialética do Iluminismo*, desenvolveu uma profunda reflexão sobre o projeto filosófico, político, científico e cultural do Iluminismo, e sua influência na formação da sociedade contemporânea e de sua ideologia.

IV – Preocupava-se com o desenvolvimento descontrolado da tecnologia, o racionalismo dominante nas sociedades modernas, os movimentos repressivos das liberdades individuais e o aniquilamento da razão. Obra: *Ideologia da sociedade industrial*.

* Os itens acima correspondem, respectivamente, aos seguintes filósofos:

a) Walter Benjamin / Theodor Adorno / Marx Horkheimer / Herbert Marcuse;

b) Herbert Marcuse / Marx Horkheimer / Walter Benjamin / Theodor Adorno;

c) Marx Horkheimer / Walter Benjamin / Theodor Adorno / Herbert Marcuse;

d) Theodor Adorno / Walter Benjamin / Herbert Marcuse / Marx Horkheimer.

70) Leia as afirmações abaixo sobre as filosofias de Karl Popper e Thomas Khun:

I – Por um lado, a ciência é entendida como uma atividade completamente racional e controlada. Por outro, a ciência é entendida como uma atividade concreta que se dá ao longo do tempo e que em cada época histórica apresenta características próprias.

II – A teoria científica será sempre conjectural e provisória. Não é possível confirmar a veracidade de uma teoria pela simples constatação de que os resultados de uma previsão efetuada com base naquela teoria se verificaram.

III – A noção de paradigma resulta fundamental neste enfoque historicista e não é mais que uma macroteoria, um marco ou perspectiva que se aceita de forma geral por toda a comunidade científica e a partir do qual se realiza a atividade científica.

IV – Uma teoria científica pode ser falsificada por uma única observação negativa, mas nenhuma quantidade de observações positivas poderá garantir que a veracidade de uma teoria científica seja eterna e imutável.

* Baseado nos itens acima, marque abaixo a opção correta:

a) I e IV correspondem a Kuhn;   c) II e IV correspondem a Popper;
b) II e III correspondem a Kuhn;   d) I e III correspondem a Popper.

71) Leia as afirmações abaixo sobre alguns filósofos da linguagem:

I – Criou a "desconstrução" da linguagem, cujo método não significa destruição, mas a desmontagem dos elementos da escrita. A desconstrução serve para descobrir partes do texto que estão dissimuladas e que interditam certas condutas.

II – Suas elaborações teóricas propiciaram o desenvolvimento da linguística enquanto ciência autônoma. Entendia a linguística como um ramo da ciência geral dos signos, que ele denominou de Semiologia. Exerceu grande influência na literatura.

III - Idealizador do conceito de "jogos de linguagem", pela qual toma a linguagem como uma multiplicidade de usos que fazemos de palavras e expressões, sem que haja nenhuma essência definidora da linguagem enquanto tal.

IV - Criador da gramática generativa transformacional, uma abordagem que revolucionou os estudos no domínio da linguística teórica. É também autor de trabalhos fundamentais sobre as propriedades matemáticas das linguagens formais.

* Os itens acima correspondem, respectivamente, aos seguintes filósofos:

a) Jacques Derrida / Ferdinand de Saussure / Ludwig Wittgenstein / Noam Chomsky;

b) Ludwig Wittgenstein / Jacques Derrida / Noam Chomsky / Ferdinand de Saussure;

c) Ferdinand de Saussure / Ludwig Wittgenstein / Jacques Derrida / Noam Chomsky;

d) Noam Chomsky / Ferdinand de Saussure / Ludwig Wittgenstein / Jacques Derrida.

72) Sobre a filosofia de Bertrand Russel, marque abaixo a opção in-correta:

a) Dentre suas teses, destaca-se a logicista ou simbólica, segundo a qual todas as verdades matemáticas poderiam ser deduzidas a partir de umas poucas verdades lógicas, e todos os conceitos matemáticos reduzidos a uns conceitos lógicos primitivos.

b) Um dos elementos preponderantes de sua tese foi a descoberta de um paradoxo no sistema lógico de Gottlob Frege. Nesse paradoxo, assimilou os fundamentos e a solução de Frege e aproveitou-os como base do seu logicismo.

c) Russell concebeu a Teoria das Descrições Definidas, apresentada em franca oposição a algumas de suas antigas ideias, em especial as contidas em sua teoria do significado e da denotação defendida no seu livro *Principia Mathematica*.

d) Defendeu em sua filosofia do atomismo lógico uma visão segundo a qual é necessário proceder-se a uma análise da linguagem que, revelando sua verdadeira estrutura lógica subjacente, mostre a relação dessa estrutura com o real.

73) Sobre os filósofos fenomenólogos, numere as lacunas abaixo do seguinte modo: (1) Edmund Husserl; (2) Martin Heidegger; (3) Merleau-Ponty; e (4) Max Scheler:

( ) Para ele, a principal característica da consciência é de ser sempre intencional. A consciência sempre é consciência de alguma coisa: a análise intencional da consciência definirá as relações essenciais entre atos mentais e mundo externo.

( ) Para ele, quando o ser humano se depara com algo diante de sua consciência, primeiro nota e percebe esse objeto em total harmonia com a sua forma. Após perceber este objeto, este entra em sua consciência e passa a ser um fenômeno.

( ) Destacou que ser lançado no mundo entre coisas e na contingência de realizar projetos é um tipo de intencionalidade muito mais fundamental que a intencionalidade de meramente contemplar ou pensar objetos.

( ) Concentrou-se em sua teoria do valor. Para ele, o ser-valor de um objeto precede a percepção, ou seja, a realidade axiológica dos valores é anterior à sua existência. Os valores e seus correspondentes opostos existem em uma ordem objetiva.

74) Sobre a filosofia de Peter Singer, marque (V) verdadeiro ou (F) falso nas lacunas abaixo:

( ) Singer considera que todos os seres são capazes de sofrer; e, por esse motivo, advoga que os animais não humanos devem ter seus interesses considerados de forma igualitária aos humanos; logo, é contra as experiências com animais.

( ) Singer admite a utilização de animais como fonte de alimento, visto que os humanos constituem uma raça superior na cadeia alimentar e, além disso, contribuem sobremaneira para evitar a superpopulação de algumas espécies.

( ) Considera que bebês em gestação, mesmo nos seus incipientes meses – e pessoas em estado vegetativo têm uma qualidade de vida mensurável, porquanto, nesses casos (e noutros análogos), o aborto e a eutanásia não se justificam.

( ) Singer considera moralmente indefensável aceitar que algumas pessoas vivam em abundância, enquanto que outras morrem de inanição. Por isso, defende que a parte abastada da população deveria entregar um terço da sua renda aos famintos.

75) Leia as informações abaixo sobre as obras de alguns filósofos brasileiros:

I – *Igreja, carisma e poder*: obra que explicita a posição conservadora da Igreja Romana, em oposição aos propósitos do Evangelho anunciado por Cristo; tais escritos lhe renderam uma rígida censura e a perda de suas funções na instituição.

II – *Convite à Filosofia:* um livro didático direcionado a estudantes de Ensino Médio, que fomenta a reflexão crítica e amplia os horizontes do leitor. Também contempla questões relacionadas a variados temas, filósofos e áreas da Filosofia.

III - *Filosofia brasileira: ontogênese da consciencia de si*: obra que relata o nascimento da Filosofia brasileira, desde o tempo colonial até os dias atuais, com citações de textos e de autores que contribuíram para a evolução do pensamento brasileiro.

IV - *Filósofos pré-socráticos*: compilação de textos dos primeiros filósofos que precederam Sócrates, cujos fragmentos expoem as primeiras tentativas de estabelecer o princípio de todas as coisas, a fim de entender o mundo e a natureza.

* As obras acima correspondem, respectivamente, aos seguintes filósofos brasileiros:

a) Gerd Bornheim / Marilena Chauí / Leonardo Boff / Luiz Alberto Cerqueira;

b) Marilena Chauí / Luiz Alberto Cerqueira / Leonardo Boff / Gerd Bornheim;

c) Luiz Alberto Cerqueira / Leonardo Boff / Gerd Bornheim / Marilena Chauí;

d) Leonardo Boff / Marilena Chauí / Luiz Alberto Cerqueira / Gerd Bornheim.

9. Exercícios do método Temas ou Questões de Filosofia

76) Sobre o conceito e o estudo da Filosofia, marque abaixo a opção incorreta:

a) A palavra "filosofia" é uma composição de *philos* e *sophia*. A primeira significa amizade, amor fraterno e respeito entre os iguais; a segunda significa sabedoria ou saber. Filosofia significa, portanto, amizade pela sabedoria, amor e respeito pelo saber.

b) Para Platão, a Filosofia é um saber verdadeiro que deve ser usado em benefício dos seres humanos. Seria a superação das coisas efêmeras e mutáveis desse mundo e a apreensão racional da realidade última, composta por formas imutáveis.

c) Segundo Descartes, a Filosofia é o estudo da sabedoria, conhecimento perfeito de todas as coisas, que os humanos podem alcançar para o uso da vida, a conservação da saúde e a invenção das técnicas e das artes.

d) Em verdade, jamais poderemos definir Filosofia, já que esta varia não só quanto a cada filósofo ou corrente filosófica, mas também em relação a cada período histórico. Apenas podemos supor que Filosofia estuda a realidade mais abstrata (metafísica).

77) Sobre os Mitos, marque (V) verdadeiro ou (F) falso nas lacunas abaixo:

( ) São, geralmente, histórias que envolvem o sobrenatural, baseadas em tradições e lendas feitas para explicar o universo, a criação do mundo, fenômenos naturais, e quaisquer outros fatos que a ciência não consegue e não pode explicar.

( ) O mito é uma crença não científica, mas uma filosofia incipiente. É um discurso que visa transmitir uma doutrina através de uma representação simbólica, com o intuito de formar novos conceitos filosóficos fundados na experiência.

( ) O termo mitologia é frequentemente associado a manifestações religiosas praticadas por sociedades antigas, como as mitologias grega, romana, egípcia e nórdica. Assim, alguns povos não as tinham como meras fábulas, mas como religiões.

( ) No estudo de folclore, um mito é uma narrativa sagrada que explica como o mundo, a natureza e a humanidade veio a ser da forma que é. Geralmente, o narrador recebeu a narrativa através da tradição, passada de geração em geração.

78) Sobre o problema da Verdade, marque abaixo a opção incorreta:

a) A palavra verdade, em grego, se diz *aletheia*, ou seja, o não oculto, não escondido, não dissimulado. O verdadeiro é o que se manifesta aos olhos do corpo e do espírito; a verdade é a manifestação daquilo que é ou existe tal como é.

b) Para os relativistas, não existe uma Verdade, no sentido absoluto, pois ela é considerada válida de acordo com os valores locais ou individuais. Nesse sentido, pondera que todo ponto de vista pode ser válido, de acordo com a época e lugar.

c) Segundo o aristotelismo, a verdade é a adequação entre aquilo que se dá na realidade e aquilo que se dá na mente. Logo, podemos aceitar como verdade todas as situações e suposições, quer sensíveis ou intelectuais, vividas em nosso cotidiano.

d) Para os céticos, o homem deve submeter toda afirmação a uma dúvida constante (suspender o juízo), pois não se pode obter nenhuma certeza absoluta a respeito da verdade, o que não implica renunciar a busca de uma condição intelectual melhor.

79) Sobre o conceito de Mecanicismo, numere as lacunas abaixo de acordo com a coerência do texto:

( ) Por outro lado, na concepção da Física, o Mecanicismo consiste na tese de que todos os fenômenos da natureza devem ser explicados pelas leis da mecânica, cujo conhecimento deve ter um *status* privilegiado entre as outras ciências.

( ) Esse *status* se tornou realidade quando, a partir do século XVIII, o Mecanicismo (modelo das ciências exatas) se tornara o princípio diretivo ou o modelo genérico de método das outras ciências, como a Biologia, a Psicologia e a Sociologia.

(   ) O Mecanicismo tem como princípio o Determinismo Universal, segundo o qual todos os fenômenos naturais estão ligados uns aos outros por relações invariáveis ou leis. Através das leis mecânicas, podemos conhecer inclusive os estados futuros.

(   ) Por um lado, o Mecanicismo, como concepção filosófica, é uma condição do mundo como sistema de corpos em movimento, igual uma grande máquina. E tem como característica a afirmação de um determinismo rigoroso.

80) Leia as informações abaixo sobre as afirmações sobre o problema da Existência de Deus:

I – Na *Suma Teológica*, ensina que Deus é o princípio e o fim de todas as coisas e que fazendo apenas o uso da luz da razão, a partir das coisas criadas, é possível demonstrar a sua existência sem ter de recorrer a nenhuma outra prova religiosa.

II – Em sua obra *Meditações metafísicas*, afirma que é preciso haver um fiador da razão e do pensamento, algo que lhe dê coerência, isto é, algo de onde essa ideia do *cogito ergo sum* venha senão do próprio ser pensante.

III – Em sua obra *Ensaio de Teodiceia*, pretende demonstrar racionalmente a existência e os atributos de Deus, através apenas da razão humana, sem utilizar nenhum registro sagrado. Outrossim, prevê que existe um Deus que nos dá livre-arbítrio.

IV – Em *A essência da religião*, mostra que a religião é uma alienação do homem, uma adoração de ídolos, criados pelos homens que projetam suas esperanças em vez de realizá-las. Essa posição ficou conhecida como "humanismo ateu radical".

* Os itens acima correspondem, respectivamente, aos seguintes filósofos:

a) Santo Tomás de Aquino / René Descartes / Gottfried Leibniz / Ludwig Feuerbach;

b) Ludwig Feuerbach / Santo Tomás de Aquino / René Descartes / Gottfried Leibniz;

c) René Descartes / Gottfried Leibniz / Ludwig Feuerbach / Santo Tomás de Aquino;

d) Gottfried Leibniz / Ludwig Feuerbach / Santo Tomás de Aquino / René Descartes.

81) Sobre a Moralidade, leia o texto abaixo e depois numere as suas lacunas, de forma coerente, do seguinte modo: (1) Pecado; (2) Imoralidade; e (3) Crime:

Embora os termos a seguir se pareçam bastante, é importante fazermos aqui algumas distinções: ( ) é um delito, é a ofensa de um bem júridico, a violação da lei penal. Já ( ) é o que contraria a moralidade. E ( ) é a violação de um preceito religioso. Em algumas culturas, certas transgressões podem significar uma violação nos três contextos: penal, religioso e social. É o caso do estupro. O estupro pode ser – simultaneamente – uma transgressão religiosa, moral e criminosa. Mas isso não é a regra, até porque existem casos contraditórios. Por exemplo, o adultério, ele pode ser ( ) para a religião cristã, ( ) para o senso comum e **não** ser considerado ( ) pela lei brasileira *(Renato Velloso)*.

82) Leia as afirmações abaixo sobre a questão da Liberdade:

I – Para Espinoza, a liberdade possui um elemento de identificação com a natureza do "ser". Nesse sentido, ser livre significa agir de acordo com sua natureza. É mediante a liberdade que o homem se exprime como tal e em sua totalidade. Esta é também, enquanto meta dos seus esforços, a sua própria realização.

II – Para Leibniz, o agir humano jamais será livre, pois está sempre submetido ao princípio de causalidade, que rege os objetos do mundo material. Toda ação, em última instância, dependerá da necessidade que tolhe o indivíduo (fome, frio etc.).

III – Para Kant, a pessoa jamais deixará de ser livre, mesmo que ela não deseje seguir o dever moral. E, mesmo que ele delegue a outrem a elaboração de suas leis, nada pode tolher a sua liberdade; é isso que ele chamou de "autonomia da vontade".

IV – Para Jean-Paul Sartre, a liberdade é a condição ontológica do ser humano. O homem é, antes de tudo, livre. É da essência do homem ser livre, aliás, isso o torna ainda mais angustiado, porque ele está "condenado" a conviver com essa liberdade.

* Baseado nos itens acima, marque abaixo a opção correta:

a) I e II são falsas;
b) III e IV são falsas;
c) I e IV são falsas;
d) II e III são falsas.

83) Sobre as formas e sistemas de governo, numere as lacunas abaixo do seguinte modo: (1) Monarquia; (2) República; (3) Presidencialismo; e (4) Parlamentarismo:

( ) Forma de governo na qual o chefe do Estado é eleito pelo povo ou seus representantes, tendo a sua chefia uma duração limitada. A eleição do chefe de Estado é normalmente realizada através do voto livre e secreto. Dependendo do sistema de governo, o presidente pode ser reeleito e renovar o seu mandato.

( ) É um sistema político que reconhece um monarca eleito ou hereditário como chefe do Estado. Como absolutista, o monarca é independente e superior ao poder de outros órgãos do Estado. Como constitucionalista, ele tem seus poderes limitados pela constituição, e geralmente tem um primeiro-ministro como chefe de governo.

( ) É um sistema de governo no qual o presidente da república é chefe de governo e chefe de Estado. Como chefe de Estado, é ele quem escolhe os ministros de Estado. Juridicamente, se caracteriza pela separação dos poderes Executivo, Legislativo e Judiciário; como chefe de governo, cabe a ele executar ou cumprir as leis.

( ) É um sistema de governo no qual o poder executivo de um Estado depende do apoio do Parlamento, cujos membros são eleitos pelo povo. O Parlamento elege um primeiro-ministro. Este, na prática, possui maiores poderes que o chefe de Estado, que pode ser um presidente ou monarca. Estes são apenas figuras simbólicas.

84) Leia as afirmações abaixo sobre a questão da Ideologia:

A naturalização surge sob a forma de ideia que afirma que as coisas são como são porque é natural que assim sejam. As relações sociais passam, portanto, a ser vistas como naturais, existentes em si e por si, e não como resultado da ação humana. A naturalização é a maneira pela qual as ideias produzem alienação social, isto é, a sociedade surge como uma força natural estranha e poderosa, que faz com que tudo seja necessariamente como é. Senhores por natureza, escravos por natureza, cidadãos por natureza, proprietários por natureza, assalariados por natureza etc. (CHAUÍ, em *Convite à Filosofia*, p. 221).

* A interpretação do trecho acima melhor corresponde, certamente, à seguinte opção:

a) Segundo Carl Jung, ideologia não é senão o próprio "inconsciente coletivo"; esse consciente estruturado por "arquétipos", que são disposições hereditárias de reação; pertence à espécie humana e unifica a experiência pessoal com a sua cultura.

b) Segundo Marx, a ideologia é um fenômeno de superestrutura, uma forma de pensamento, que, por não revelar as causas reais de certos valores, concepções e práticas sociais que são materiais, contribui para sua aceitação e reprodução.

c) A ideologia não é enganosa ou negativa em si, mas constitui qualquer ideário de um grupo de indivíduos; é um conjunto de razões no qual se baseiam todas as decisões e pontos de vista de um ser, sendo assim um modo de dominação intuitivo.

d) O termo ideologia é sinônimo ao termo ideário, contendo o sentido de conjunto de ideias, de pensamentos, de doutrinas ou de visões de mundo de um indivíduo ou de um grupo, orientado para suas ações sociais e, principalmente, políticas.

85) Sobre a temática da moral nietzscheana, marque abaixo a opção incorreta:

a) Nietzsche designava o niilismo como a descrença em um futuro ou destino glorioso da civilização. Em oposição a essa mentalidade, defendia a transvaloração dos valores, cuja mentalidade valorizava a vida "para além do bem e do mal".

b) Na *Genealogia da moral*, Nietzsche mostrou que culpa, má consciência e ascetismo foram implantados pela cultura ocidental cristã; e que tudo isso consistiu numa crueldade para consigo mesmo e para com a humanidade.

c) Em *Para além do bem e do mal*, Nietzsche defende que a Vida é uma "Eterna evolução", com estrutura, forma e razão. O seu "Super-homem" corresponde ao filósofo-rei platônico, que, através do caminho da Dialética, alcança a Sabedoria.

d) Para Nietzsche, a vida é vontade de poder (potência). Não existe vida média entre aceitação da vida e renúncia. Para salvá-la, é mister arrancar-lhe as máscaras e reconhecê-la tal como é: querendo viver a vida, sempre com *amor fati*.

86) Sobre a questão do Neoliberalismo, marque abaixo a opção correta:

a) Uma das fortes correntes opostas ao Neoliberalismo está fundamentada na teoria de John Keynes, cuja tese afirma que o Estado é o agente indispensável de controle da economia, e deve ter como um dos objetivos principais o "wellfare state".

b) A diferença básica entre Liberalismo e o Neoliberalismo está exclusivamente no aspecto econômico, onde só no Neoliberalismo os cidadãos usufruem o direito de propriedade privada e exigem a intervenção máxima do Estado nos seus negócios.

c) O Neoliberalismo, como sistema econômico que contribui para a globalização, defende a coletividade, inclusive é favorável à sindicalização dos trabalhadores, pois vê nesta uma grande organização para atender a demanda do mercado consumidor.

d) Adam Smith, em seu liberalismo, procurou demonstrar que a riqueza das nações resultava da atuação de indivíduos que, movidos tão somente pelo interesse coletivo, promoviam o crescimento econômico e a distribuição das riquezas nacionais.

87) Leia as afirmações abaixo sobre a questão da Consciência:

I - A consciência é o sentimento de nossa própria identidade: é o eu, um fluxo temporal de estados corporais e mentais, que retém o passado na memória, percebe o presente pela atenção e espera o futuro pela imaginação e pelo pensamento.

II - A consciência é uma espontaneidade livre e racional para escolher, deliberar e agir conforme a liberdade, aos direitos alheios e ao dever. É a capacidade de uma pessoa, livre e responsável, de compreender e interpretar os valores morais.

III - A consciência não é senão o cidadão, tanto como indivíduo situado no tecido das relações sociais, portador de direitos e deveres, relacionando-se com a esfera pública do poder e das leis, como enquanto membro de um grupo ou classe social.

IV – A consciência é uma atividade sensível e intelectual, dotada do poder de análise, síntese e representação. É o sujeito do conhecimento, na medida em que sabe de si e sobre o mundo, isto é, um sujeito percebedor, imaginante e pensante.

* Os itens acima correspondem, respectivamente, aos seguintes sentidos de consciência:

a) moral / político / cognitivo / psicológico;

b) psicológico / moral / político / cognitivo.

c) político / cognitivo / psicológico / moral;

d) cognitivo / psicológico / moral / político;

88) Sobre o problema do Ser, marque abaixo a opção incorreta:

a) O ser humano é um "ente privilegiado": só ele é capaz de questionar e compreender o ser. Este ente é o homem, que Heidegger chama de ser-aí ou *dasein; dasein* é o ser do existente humano enquanto existência singular e concreta.

b) Para Parmênides, toda a realidade é imutável e sua essência está incorporada na individualidade divina do Ser-Absoluto, que permeia todo o universo. Esse Ser é onipresente, já que qualquer descontinuidade em sua presença seria o Não Ser.

c) Em *O ser e o nada*, Sartre afirmara que o "nada" existe, ou seja, é uma realidade legítima, em oposição ao Ser. O "nada" não é a ausência de qualquer coisa, pois, quando dizemos "com nada" já há um ser existencial em nossa realidade.

d) Segundo Platão, nosso discurso sobre o não ser não é o discurso sobre o nada, sobre o que não é, mas sim o discurso sobre a alteridade. Dizer

"A não é B" não é dizer que A não é nada, mas sim dizer que A é uma outra coisa, um outro ser.

89) Sobre o problema da Fé x Razão, marque (V) verdadeiro ou (F) falso nas lacunas abaixo:

( ) Razão é a firme opinião de que algo é verdade, sem qualquer prova ou critério objetivo de verificação, pela absoluta confiança que depositamos nesta ideia ou fonte de transmissão; destarte, com razão, é impossível duvidar e ter fé ao mesmo tempo.

( ) A fé permite identificar e operar conceitos em abstração, resolver problemas, encontrar coerência ou contradição entre eles e, assim, descartar ou formar novos conceitos, de uma forma ordenada e, geralmente, orientada para objetivos.

( ) A mesma razão que desmerece a fé pode ser usada como instrumento a serviço da exploração e da dominação econômica (razão instrumental), gerando tanto conflitos como mudanças sociopolíticos, se apresentando como força libertadora.

( ) O senso comum, normalmente, nutre um sentimento de fé em relação a uma pessoa, um objeto inanimado, uma ideologia, um pensamento místico, um sistema qualquer, um conjunto de regras ou por dogmas de uma determinada religião.

90) Leia o texto abaixo sobre a questão do ensino de Filosofia, no Ensino Médio:

O Ensino Médio, etapa final da educação básica, com duração mínima de três anos, terá como finalidades:

I - A consolidação e o aprofundamento dos conhecimentos adquiridos no Ensino Fundamental, possibilitando o prosseguimento de estudos.

II - A preparação básica para o trabalho e a cidadania do educando, para continuar aprendendo.

III - O aprimoramento do educando como pessoa humana, incluindo a formação ética e o desenvolvimento da autonomia intelectual e do pensamento crítico.

IV - A compreensão dos fundamentos dos processos produtivos.

* Os itens acima estão presentes na seguinte legislação educacional:

a) Parâmetros Curriculares Nacionais (PCN);

b) Diretrizes Curriculares Nacionais (DCN);

c) Pareceres do Conselho Nacional de Educação (CNE).

d) Lei de Diretrizes e Bases da Educação Nacional (LDBEN);

91) Leia as afirmações abaixo sobre a questão do Método Científico:

I - O método científico é um conjunto de regras, normas e procedimentos gerais, que servem para definir ou construir o objeto e para o autocontrole do pensamento durante a investigação e, depois, para a confirmação ou falsificação dos resultados.

II - A metodologia científica tem sua origem no pensamento de Descartes, que foi considerado "Pai da ciência moderna". Descartes propôs chegar à verdade através da dúvida sistemática, mas a partir da existência de Deus, pois Ele é o Criador.

III - Na maioria das disciplinas científicas consiste em juntar evidências empíricas verificáveis, baseadas na observação sistemática e controlada, geralmente resultantes de experiências ou pesquisas de campo e analisá-las com o uso da lógica.

IV - Embora seus procedimentos se diferenciem dos outros conhecimentos científicos, pode-se dizer que a Filosofia é uma ciência, pois sua metodologia investiga os fundamentos e métodos da Lógica, da Epistemologia e da Teoria do Conhecimento.

* Baseado nos itens acima, marque abaixo a opção verdadeira:

a) I e III estão corretas;
b) II e IV estão corretas;
c) II e III estão corretas;
d) I e IV estão corretas.

92) Leia as afirmações abaixo sobre o problema da Impossibilidade da Metafísica:

I – Defendeu que os conceitos metafísicos não correspondem a nenhuma realidade externa, existente em si mesma e independente de nós, mas são meros nomes gerais para as coisas, nomes que nos vêm pelo hábito mental ou psíquico de associar em ideias as percepções e impressões dos sentidos, quando regulares.

II – Defendeu a impossibilidade dos conceitos tradicionais da metafísica para alcançar e conhecer a realidade em si das coisas. Em seu lugar, propõe que a metafísica seja uma crítica da razão pura teórica, tomando a realidade como aquilo que existe para nós enquanto somos o sujeito do conhecimento.

III – Defendeu que muitas questões filosóficas não têm significado, isto é, o modo como elas são postas depende de um abuso da linguagem. Uma implicação operacional dessa posição radical foi a defesa da eliminação da metafísica do discurso humano responsável.

IV – Defendeu que a metafísica poderia continuar usando o mesmo vocabulário que usava tradicionalmente, mas o sentido conceitual das palavras deveria mudar, pois não se referem ao que existe em si, mas ao que existe para nós e é organizado por nossa razão.

* Os itens acima correspondem, respectivamente, aos seguintes filósofos:

a) Immanuel Kant / Rudolf Carnap / Edmund Husserl / David Hume;
b) Rudolf Carnap / Edmund Husserl / David Hume / Immanuel Kant;

c) Edmund Husserl / David Hume / Immanuel Kant / Rudolf Carnap;

d) David Hume / Immanuel Kant / Rudolf Carnap / Edmund Husserl.

93) Leia as afirmações abaixo sobre a temática do aborto na área de Bioética:

I – Hoje, a legislação brasileira permite a reprodução de células embrionárias para fins de pesquisa e para geração de seres humanos aperfeiçoados, em caso de mulheres inférteis.

II – No Brasil, evita-se a liberação do aborto porque, além de questões éticas, há questões religiosas e jurídicas envolvidas; além de questões político-eleitoreiras.

III – Pela legislação brasileira, só é permitido o aborto em dois casos: estupro por familiar e para preservar a saúde física de uma das crianças, em caso de gêmeos.

IV – A legislação brasileira protege a vida humana desde o seu nascimento (com vida), mas a lei também põe a salvo, desde a concepção, os direitos do nascituro.

* Baseado nas afirmações acima, marque abaixo a opção correta:

a) Há uma afirmação falsa;   c) Há três afirmações falsas;

b) Há duas afirmações falsas;   d) Há quatro afirmações falsas.

94) Leia as afirmações abaixo sobre o tema do Contrato Social (e seus filósofos):

I – Para ele, o contrato social deve procurar uma agregação que proteja com toda a força os bens, direitos e interesses de todos os indivíduos. Isso consiste no "pacto social", onde os cidadãos outorgam o poder à suprema direção da vontade geral.

II - Para ele, o contrato social é necessário para amenizar os conflitos entre os homens, já que cada um de nós tem direito a tudo; e, uma vez que todas as coisas são escassas, existe uma constante guerra de todos contra todos.

III - Para ele, os indivíduos de uma comunidade política outorgam a um governante uma administração centralizada do poder público. Dado esse consentimento, cabe ao governante retribuir essa delegação, garantindo os direitos individuais.

IV - Para ele, retomar a figura do contrato social não significa simplesmente desejar fundamentar a obediência ao Estado, mas introduzir um recurso para fundamentar um processo de eleição de princípios de justiça (e liberdade e igualdade).

* Os itens acima correspondem, respectivamente, aos seguintes filósofos:
a) Jean J. Rousseau / Thomas Hobbes / John Locke / John Rawls;
b) Thomas Hobbes / Jean J. Rousseau / John Rawls / John Locke;
c) John Rawls / John Locke / Jean J. Rousseau / Thomas Hobbes;
d) John Locke / John Rawls / Thomas Hobbes / Jean J. Rousseau.

95) Leia as afirmações abaixo sobre o problema da massificação da Arte:

I - Segundo ele, os defensores da "cultura de massa" dão a entender que se trata de uma cultura espontânea da população. Mas, na verdade, trata-se de uma trapaça da indústria cultural para integrar os consumidores em seus interesses comerciais.

II - Em sua obra-prima, discute a estética sob um prisma inovador; alega que, em épocas anteriores, a experiência do público com a obra de arte era única e condicionada, havia uma "aura", uma reverência que cada obra de arte impõe ao observador.

III - Segundo ele, a produção em série, como o cinema e o rádio, não deve ser tomada como arte, pois, enquanto negócios, seus fins comerciais são realizados por meio de uma sistemática e programada exploração de bens considerados culturais.

IV - Opôs-se a "estetização da política", defendendo uma "politização da estética"; ou seja, desde que a arte conserve suas técnicas, e suas características originais, acredita que a reprodução técnica constitui uma possibilidade de democratização.

* Baseado nos itens acima, marque abaixo a opção correta:

a) I e II são teses de Theodor Adorno;

b) I e III são teses de Walter Benjamin;

c) II e IV são teses de Walter Benjamin;

d) III e IV são teses de Theodor Adorno.

96) Leia as afirmações abaixo sobre o tema da Cultura:

I - Cada geração passa por um processo de aprendizagem, no qual assimila cultura e, ao mesmo tempo, se torna apta a enriquecer o patrimônio cultural das gerações posteriores; logo, cada sociedade tanto elabora quanto recebe as influências culturais.

II - A cultura pode ser: a) não material: utensílios, instrumentos, habitação, vestimentas etc.; ou, b) material: normas sociais, religião, costumes, ideologia etc. Tudo isso, com o tempo, forma o que a antropologia denomina de identidade cultural.

III - O ambiente exerce um papel fundamental sobre as mudanças culturais, embora não único: os homens mudam sua maneira de encarar o mundo tanto por contingências ambientais quanto por transformações da consciência social.

IV – No caso do Brasil, embora tenha havido a inclusão das culturas indígena e negra, na época da colonização, a Antropologia reconhece como oficial apenas a cultura oriunda de Portugal devido à aprendizagem do idioma oficial (Português).

* Baseado nos itens acima, marque abaixo a opção correta:

a) I e III são falsas;   c) I e II são falsas;
b) III e IV são falsas;   d) II e IV são falsas.

97) Sobre a questão dos Universais, numere as lacunas abaixo do seguinte modo: (1) Nominalismo; (2) Realismo; e (3) Conceitualismo:

( ) Para essa doutrina filosófica, os universais são apenas conteúdos de nossa mente, inteligíveis ou conceitos, representações do intelecto que as deriva das coisas (*universalia post rem*) e dessas guarda alguma semelhança.

( ) Para essa doutrina filosófica, as ideias gerais ou universais não têm nenhuma existência real, seja na mente humana, seja enquanto formas substanciais, mas sendo apenas signos linguísticos ou nomes.

( ) Para essa doutrina, os universais existem objetivamente, seja na forma de realidades em si, transcendentes em relação aos particulares (como em Platão), ou como imanentes encontrados nas coisas individuais (como em Aristóteles).

98) Sobre as concepções de Tempo, marque abaixo a opção incorreta:

a) Os gregos antigos tinham dois termos para o tempo: *chronos e kairós*. Enquanto *kairós* refere-se ao tempo cronológico, ou sequencial, que pode ser medido, *chronos* refere-se a um momento indeterminado no tempo, em que algo especial acontece.

b) Em sua Teoria da Relatividade, Einstein disse que o tempo perde o *status* de grandeza absoluta e universal e passa a ser uma grandeza estritamente local, uma grandeza necessariamente atrelada à origem de um referencial em específico.

c) Em Bergson, a duração é oposta ao tempo. Ela só pode ser apreendida por intuição; é a trama mesma do devir da consciência, ao passo que o tempo físico é apreendido pela inteligiência lógica que divide e quantifica.

d) Para Agostinho, o tempo não tem existência *per se* e só pode ser apreendido por nossa alma por meio de uma atividade chamada "distensão". A distensão da alma, nada mais é do que a compreensão dos três tempos: pretérito, presente e futuro.

99) Sobre o problema da Morte, leia as afirmações abaixo e depois marque (V) verdadeiro ou (F) falso:

( ) Na Teologia cristã, a morte é encarada como o fim da vida física; mas a alma passará por um "Juízo final", onde será julgada conforme a sua conduta na Terra e depois será levada para o céu ou para o inferno, onde lá viverá eternamente.

( ) A Teoria da Reencarnação defende a transmigração da alma, através de renascimentos sucessivos em corpos físicos, e com diferentes experiências de vida, passando por uma evolução da alma, até alcançar uma perfeição espiritual.

( ) Para Heidegger, a morte é o sinal da finitude e da individualidade humana que o homem precisa assumir para escapar da alienação de si e da banalidade do cotidiano. Dizia que "a morte é necessária para a nossa apreciação da vida".

( ) Ao contrário de seu mestre Platão, Sócrates acreditava que a morte era o final de uma vida sábia, de tudo aquilo que fez durante a sua vida. Seu consolo eram os seus ensinamentos deixados aos seus discípulos. Daí a frase que "o filósofo deve aprender a morrer".

100) Sobre o papel do filósofo, leia o texto abaixo, extraído de um diálogo de Platão:

Por fim, também fui aos artífices, porque estava persuadido de que, por assim dizer, nada sabiam, e, ao contrário, tenho que dizer que os achei instruídos em muitas e belas coisas. Em verdade, nisso me enganei: eles de fato sabiam que eu não sabia e eram muito mais sábios do que eu. Mas, cidadãos atenienses, parece que também os artífices tinham os mesmos defeitos dos poetas: pelo fato de exercitar bem a própria arte, cada um pretendia ser sapientíssimo também nas outras coisas de maior importância, e esse erro obscurecia o seu saber. Assim, eu interrogando a mim mesmo, a respeito do que disse o oráculo, se devia permanecer assim como sou, nem sábio da sua sabedoria, nem ignorante da sua ignorância, ou ter ambas as coisas, como ele o tem. Em verdade, respondo a mim e ao oráculo que me convém como sou (PLATÃO, em *Apologia de Sócrates*, 1ª parte, VIII).

* Baseado no trecho acima, marque a opção que menos importa no trabalho do filósofo:

a) Perguntar **o que** a coisa, ou o valor, ou a ideia é. O filósofo pergunta qual é a realidade ou natureza e qual é a significação de alguma coisa, não importa qual.

b) Perguntar **como** a coisa, a ideia ou valor é. O filósofo indaga qual é a estrutura e quais são as relações que constituem uma coisa, uma ideia ou um valor.

c) Perguntar **para que** serve a Filosofia, tal como ela é. O filósofo questiona se a Filosofia tem utilidade prática para teorizar sobre as atividades no dia a dia.

d) Perguntar **por que** a coisa, a ideia ou o valor existe e é como é. O filósofo pergunta pela origem ou pela causa de uma coisa, de uma ideia ou de um valor.

10. Gabarito geral

Método História da Filosofia

1) A
2) 1ª coluna: 9-3-7-1-13-8-16-15;
   2ª coluna: 12-2-10-6-14-4-11-5
3) 2-3-4-1
4) 4-2-1-3
5) B
6) C
7) V-F-V-F
8) A
9) B
10) D
11) C
12) V-V-F-F
13) B
14) A
15) C
16) V-F-F-V
17) A
18) C
19) D
20) B
21) V-F-V-F
22) A
23) D
24) 2-1-4-3
25) 3-4-1-2

Método Áreas da Filosofia

26) A
27) 6-3-5-1-4-2
28) 4-3-2-1
29) 2-1-3-4
30) V-F-F-F
31) B
32) 1-4-2-3
33) 4-1-3-2
34) 3-2-1-4
35) F-V-F-V
36) A
37) B
38) D
39) C
40) B
41) C
42) A
43) 2-1-4-3
44) B
45) D
46) C
47) V-V-F-F
48) B
49) A
50) D

Método Filósofos e suas obras

51) D
52) V-F-F-V
53) C
54) V-F-F-V
55) B
56) C
57) D
58) V-V-F-F
59) D
60) A
61) V-F-V-F
62) 2-3-1-4
63) 4-2-3-1

64) D
65) C
66) B
67) C
68) D
69) A
70) C
71) A
72) B
73) 1-3-2-4
74) V-F-F-V
75) D

Método Temas/Questões de Filosofia

76) D
77) F-F-V-V
78) C
79) 3-4-1-2
80) A
81) 3-2-1-1-2-3
82) D
83) 2-1-3-4
84) B
85) C
86) A
87) B
88) C

89) F-F-V-V
90) D
91) A
92) D
93) B
94) A
95) C
96) D
97) 3-1-2
98) A
99) V-V-V-F
100) C

Contatos para palestras e cursos:
e-mail: renatoreviver@ig.com.br
facebook: Renato Velloso

Conecte-se conosco:

facebook.com/editoravozes

@editoravozes

@editora_vozes

youtube.com/editoravozes

+55 24 2233-9033

www.vozes.com.br

Conheça nossas lojas:

www.livrariavozes.com.br

Belo Horizonte – Brasília – Campinas – Cuiabá – Curitiba
Fortaleza – Juiz de Fora – Petrópolis – Recife – São Paulo

EDITORA VOZES LTDA.
Rua Frei Luís, 100 – Centro – Cep 25689-900 – Petrópolis, RJ
Tel.: (24) 2233-9000 – E-mail: vendas@vozes.com.br